나는
쌀장사가
천직
이다

20년차 자영업자가 던지는 삶과 미래에 대한 질문

나는 쌀장사가 천직이다

초 판 1쇄 2022년 09월 29일

지은이 하재윤
펴낸이 류종렬

펴낸곳 미다스북스
총괄실장 명상완
책임편집 이다경
책임진행 김가영 신은서 임종익 박유진

등록 2001년 3월 21일 제2001-000040호
주소 서울시 마포구 양화로 133 서교타워 711호
전화 02) 322-7802~3
팩스 02) 6007-1845
블로그 http://blog.naver.com/midasbooks
전자주소 midasbooks@hanmail.net
페이스북 https://www.facebook.com/midasbooks425
인스타그램 https://www.instagram.com/midasbooks

© 하재윤, 미다스북스 2022, *Printed in Korea.*

ISBN 979-11-6910-080-9 03320

값 15,000원

미다스북스는 다음세대에게 필요한 지혜와 교양을 생각합니다.

20년차 자영업자가 던지는
삶과 미래에 대한 질문

하재윤 지음

자영업자
마인드셋 3
인생 주인이 되라
한 방향으로 버텨라
이웃과 함께하라

나는
쌀장사가
천직
이다

MAKE
YOUR
DESTINY

미다스북스

외롭고 높고 쓸쓸한 당신에게

'외롭고 높고 쓸쓸한'은 백석의 시 「흰 바람벽이 있어」에서 따왔다. 시인 안도현은 자신의 저서 『백석 평전』에서 '외롭고 높고 쓸쓸한' 중에서 '높고'가 없다면 아무것도 아닌 문장이 되어버린다고 했다.

인생도 그렇다. 사람은 누구나 외롭고 쓸쓸한 존재이다. 사람이 외롭고 쓸쓸하기만 할 뿐 높은 무엇이 없다면 사람은 아무것도 아닌 그저 외롭고 쓸쓸하기만 한 존재로 전락하고 만다. 각자의 마음속에 높은 무엇이 있기 때문에 사람은 외로움을 딛고 쓸쓸함을 이겨낼 수 있는 주체적인 인생을 사는 존재가 되는 것이다.

인생은 느닷없다. 때로는 황당하다. 인생은 우연으로 만들어진 집합체다. 처음에는 다 계획이 있었다는 우스갯소리처럼 인생은 본인의 기대와는 전혀 다르게 흐를 수 있다. 존 레넌은 인생이란 우리가 어떤 계획을 세우는 사이에 그것과는 다른 일들이 일어나는 것이라고 말했다.

우연히 접어든 상인의 길에서 쌀장사로 이십 년 넘는 세월을 보냈다.

살아보니 세상은 호락호락하지 않았다. 많은 시련을 겪고 많은 상처를 입었다. 쉰을 넘기기 전까지 사는 것이 왜 이리도 힘들게 느껴지는지. 젊은 청춘이 너무도 허무하게 흘러갔다는 생각이 떠날 날이 없었다.

성공에 관한 많은 이야기를 열심히 듣고 읽었지만 결국 나는 아무것도 되어 있지 않았다. 그럼에도 살아가야 한다. 사람은 살아가기 위해서 태어났기 때문이며, 사람은 외롭고 쓸쓸한 존재이지만 또한 높은 존재이기 때문이다.

나는 나를 피하지 않았다. 느닷없고 황당한 인생에 맞서 왔다고 스스로 생각한다. 크게 성공하지는 못했다. 특별히 남보다 나은 철학을 가지고 사는 것도 아니다. 그러나 남들이 하찮게 여기는 장사꾼으로 살아오면서 많은 것을 보고 느꼈다.

성공하지 못한 장사치로 살아오는 동안 의문이 들었다. 내 인생은 초라하기만 한가. 숫자로 내놓을 것 없는 인생은 부끄러운 삶인가. 자영업자에게 행복이란 머나먼 다른 나라 이야기인가. 영화 〈국제시장〉에서 배우 황정민이 아버지를 생각하면서, "나 진짜 힘들었어요." 하면서 울먹이는 장면에서 나도 같이 울었다.

쉰을 넘기고서야 비로소 쌀을 파는 일이 천직으로 느껴졌다. 언젠가부터 세상 살아가는 마음이 편안해졌다. 공자는 태산에 올라서야 노나라가 작음을 알았다고 했다. 나는 장사 20년 만에야 비로소 태산에 올랐다.

나는 딱히 취미가 없다. 늦게 자고 새벽에 일어나는 일을 하면서도 손에서 책을 놓지 않았다. 일이 끝나면 늦은 저녁을 먹고 책을 몇 줄 본다. 예전에 읽었던 아주 오래된 책들을 아무거나 고른다. 한 줄씩 읽다 보면 아주 오래된 친구를 만난 것처럼 포근해지고 마음이 풀어진다. 졸리기 시작한다. 스멀스멀 잠이 몰려오면 책을 들고 이불속으로 들어간다. 나도 모르게 잠이 든다. 어떤 때는 몇 줄 넘기지도 못하고 불도 끄지 못한 채 잠들기 일쑤다.

언젠가부터 마음 한구석에서 자영업자의 삶으로 살아온 이야기를 해봐야겠다는 욕구가 일기 시작했다. 고단한 자영업자들이 잊어버리고 산 지 오래되었지만, 일상에서 우리 곁에 늘 함께하는 행복과 미래에 대해 이야기하고 싶었다.

책을 써 보고 싶은 열망은 이오덕 선생의 『와아, 쓸거리도 많네』를 읽고 더 강렬해졌다. 책은 선생이 시골 초등학교에 근무하면서 아이들의 글쓰기를 지도했던 내용이다. 책에는 80~90년대 시골 아이들의 눈으로 본 순수한 세상이 펼쳐져 있다.

서문에 이오덕 선생께서 직접 다신 머리말이 있다.

"나도 이와 비슷한 일이 있었는데."

"이건 꼭 내가 하고 싶었던 말을 그대로 적었는 걸."

"이렇게 여러 가지 생각을 하고서는 글이 저절로 쓰고 싶어질 것입니다."

책을 읽은 뒤 이오덕 선생님의 말씀처럼 나도 내 이야기를 써야겠다는 강한 욕구가 일기 시작했다. 유별날 것 없는 인생을 살아온 나도 글을 써보자고 하는 마음이 강렬해졌다. 처음에는 보이지 않는 안개처럼 뭉게뭉게 피어오르다가 어느 순간 활활 타오르기 시작했다. 고단한 우리들이 살아온 이야기를 하고 싶었다. 더구나 책 속에서 같이 뛰어놀던 시골 아이들도 나와 비슷한 어른이 되었다.

어느덧 오십 대가 된 우리들의 인생에도 위로가 필요하다. 외롭고 높고 쓸쓸한 인생들에게 조그만 위로를 더해주고 싶은 마음이다.

나는 삶을 회피하지 않았다. 정정당당하게 맞섰다. 묵직한 긍정의 마음이다. 글을 쓰는 도중에 삶의 굽이굽이를 회상하면서 슬프고도 아름다웠던 추억을 불러온다는 것만으로도 이미 나와의 대화에 충만한 행복을 느꼈다.

코로나로 경기가 엉망이 된 지 오래다. 식당을 운영하는 자영업자들이 못살겠다고 길바닥에 식기를 엎고 아우성이다. 이 글이 독자들의 마음에 "어? 나보다 힘든 상황인데도 나보다 긍정적인 마음이네.", "이런 상황에서도 용기를 잃지 않았군." 하는 마음을 전할 수 있다면 참 다행이겠다.

부산 〈행복한쌀창고〉
하재윤 씀

목 차

▌ 인생은 닥치는 대로 사는 것

2 장사는 힘들어

3 세상이 만든 질서에서 벗어나기

4 내 인생의 주인 되기

5 인생은 한 방향으로 버티는 힘이다

6 인생, 놓치지 말아야 할 것들

MAKE YOUR DESTINY

1

인생은
닥치는 대로
사는 것

순전히 내 탓이다
– 지금 나에게 있는 것만 내 것이다

 장사를 해야 한다. 장사를 해서라도 아들을 살려야 한다고 마음먹은 것은 국가의 복지 체계를 믿을 수 없었기 때문이었다. 아들이 먹고 입는 걱정 없이 살아가게 하기 위해서는 돈을 벌어야 한다. 정해진 월급을 받는 회사원보다는 장사를 하면 돈을 많이 벌 수 있을 것 아닌가. 거기다 아들을 수시로 병원에 데려다주고 다시 데려오는 생활에는 얽매인 회사원 생활보다는 자영업자가 나을 것이라는 단순한 생각이었다.

 아무 준비 없이 자영업자가 되는 것. 그것은 굴러온 호박을 발로 차버리는 행복 끝, 불행 시작의 첫출발이었다. 그야말로 멋모르고 시작한 쌀 장사로 20년을 버텨왔다. 인생은 느닷없고 황당하게 흘러간다. 그래서 인생을 드라마라고 하지 않는가.

 장사를 시작하지 않았다면 나도 큰 기복 없는 그저 그런 재미없고 밋밋한 인생을 살 뻔했다. 따지고 보면 내가 아무런 계획도 준비도 없이 다니던 직장을 그만두고 느닷없이 시작한 쌀장사로 젊었던 20여 년의 세월을 보내버린 것은 누구를 탓할 일이 아니다.

올해 25살 된 아들에 대한 기억을 더듬어 본다. 아들은 장애를 가지고 태어났다. 아이가 평생 장애를 가지고 살아가야 한다는 의사의 판정을 받는 순간 하늘 빛이 노래졌다. 그러나 모든 선택은 나의 것이다.

뜻하지 않은 황당한 일로 좌절하게 되는 일도 분명히 있지만, 그러한 상황에 대처하고, 마지막까지 자신의 행복을 책임져야 하는 사람은 바로 다름 아닌 자기 자신이다.

"상황은 사람을 구속하지 않는다. 단지 그 사람의 됨됨이를 드러내줄 뿐이다."

　－『우리는 사소한 것에 목숨을 건다』, 리처드 칼슨

2001년 1월 1일. 부산 동래구 안락동에서 쌀집을 개업을 했다. 카운터 위 전화기 손잡이에다 나의 각오를 써서 투명 테이프로 붙여놓았다. 기왕에 시작한 장사였기에 마음을 다잡아 세운 각오 한마디.

　－ 기필코 부자가 되겠다.

21년 뒤, 2022년 1월 1일. 나는 부자가 되기를 포기했다. 대신 마음 편하게 사는 방법을 스스로 체득했다.

장사 시작 후 20여 년간 죽기 살기로 손님을 모으고 쌀을 팔고 하였으나 손님은 별로 많이 모이지 않았다. 돈은 애들 셋 키우고 나면 딱 굶어 죽지 않을 만큼만 벌렸다. 한동안 어찌하여 하늘은 나에게 이런 시련을 주는지, 참으로 억울한 마음에 사로잡혀 있었다.

그러나 행복은 내가 만드는 것이지 남이 주는 것이 아니다.
이제 그 이야기를 해보려 한다.

인생은 느닷없고…

나는 우연히 쌀장사를 시작했다. 누군들 인생이 계획대로 굴러가게 하는 재주가 있겠냐마는 내가 쌀장사를 시작한 것도 나의 뜻과는 전혀 무관한 신의 애꿎은 장난에 의한 선택이었다고 생각해왔다. 하지만 그 선택은 분명 내가 한 결정이었다.

일이 잘못되는 것은 전생에 죄가 많아서도 아니며, 하늘이 무심해서도 아니며, 팔자를 잘못 타고나서도 아니다. 지금 내 인생은 과거의 내 선택들이 모인 것이다.

쌀장사를 시작하기 전 나의 직장은 부산 해운대구 반송동에 있는 신용협동조합이었다. 내가 잘 다니던 직장을 그만두고 느닷없이 장사를 시작한 사연은 이렇다.

직장인이 되자마자 부리나케 가정을 꾸렸다. 결혼한 지 3년이 지나도록 아기가 생기지 않았다. 만으로는 2년이 조금 넘었을 뿐이지만 마음이 조급했다. 더구나 나는 형제자매가 없이 무녀독남으로 혼자 자란 외아들이 아닌가. 산부인과 진료도 받아보고 용하다는 한의원도 다녀보았다. 하지만 조급함은 또 다른 조급함을 불러올 뿐이었다. 고민 끝에 불임부부를 위한 치료로 유명한 산부인과를 찾았다. 병원 문을 열었을 때 첫 느낌은 '엇? 임신 못 하는 부부가 이렇게 많아?'였다. 대기실은 항상 만원이었다.

천신만고 끝에 결혼 4년차에 쌍둥이가 태어났다. 이란성 쌍둥이였다. 남자아이 하나, 딸아이 하나. 쌍둥이 중 남자아이가 바로 아버지로 하여금 뜻밖의 쌀장사를 하도록 만든 둘도 없는 효자 아들이다. 효자 타이틀을 미리 붙여두는 것은 나중에 차차 설명하겠다.

아들은 1.95kg의 몸무게로 태어났다. 숨을 쉴 때마다 가슴뼈 전체가 배 쪽으로 빨려 들어가고 있었다. 폐가 덜 성숙하여 생기는 증상이라고 하였다. 태어나고 7개월이 넘었다. 아들은 여느 아이와 많이 달랐다. 뒤집기도 하지 않고 장난감에도 눈길을 주지 않았다. 아들을 데리고 병원에 갔다.

– 뇌병변 장애가 있습니다.

의사의 말을 듣고 하늘이 노래졌다.

그렇다. 나의 아들은 지적장애를 수반한 뇌병변 장애를 가지고 태어났다. 아들이 나을 수만 있다면…. 그동안 조금씩 부어놓은 적금을 다 털어넣었다. 내가 집안의 장손이라 할머니 장례식 뒤 맡아놓았던 부의금도

다 쏟아부었다.

아들은 차도가 없었다. 아들은 영원히 2살 정도의 지적장애를 갖고 살아야 한다는 의사들의 예견이었다.

이대로는 안 된다. 당시 신용협동조합 초급 직원인 나의 월급으로는 아들의 진료비를 감당할 수 없었다. 앞으로 들어갈 진료비는? 게다가 우리나라 복지 체계로는 아들의 장래를 보장할 수 없다.

아들이 평생 먹고살 돈을 벌어야 놓아야 한다, 그러려면 월급쟁이로는 안 된다. 장사를 하면 월급보다 더 많은 돈을 벌 수 있다는 말을 들은 적 있다. '그래, 그거다! 장사를 하자!'

나는 이런 단순한 생각으로 아무 준비 없이 덜컥 쌀집을 개업했다. 2001년 1월 1일, 내 나이 서른셋이었다. 준비되지 않는 장사에 시련은 당연했다. 개업 후 쌀집이 자리 잡는 데는 무려 십여 년의 세월이 흘렀다. 긴 세월이 흐르는 동안 나의 청춘은 나락으로 떨어졌다. 그리고 다시 한 번 더 십여 년의 세월이 흘러 어느덧 오십을 넘겨 오십 대 중반이 되었다.

모든 선택은 나의 것
— 세상은 나를 기다린다

장애를 가진 아이가 태어나면 그 감당은 오롯이 그 가족이 해야 한다. 그 순간 가족의 삶은 수렁으로 빠져든다. 장애를 가진 가족을 위해 또 다른 가족 구성원이 늘 24시간 곁에 붙어 있어야 한다. 경제적인 문제도 같이 온다.

나는 아들이 장애가 있다는 진단을 받고 우왕좌왕하고 있었다. 누군가 경험이 있는 사람도 없었다. 물어볼 곳도 없었다. 병원에서는 앞으로 어떻게 살아야 한다는 것에 대해서는 가르쳐주지도 않았다.

바로 그때 직장 바로 근처에 쌀집이 하나 생겼다. 조합 일로 가끔 방문하면 늘 바쁘게 일하는 모습이 보기 좋았다. 직장에서 막내 축에 속했던 나는 다른 직원들보다 늘 일찍 출근했었는데, 내가 출근하는 길에도 그분은 이른 아침부터 오토바이로 전날에 못 다한 쌀 배달을 하고 있었다. 쌀집에는 5톤 트럭이 하루에 한 대씩 와서 쌀을 부리고 갔다. 거의 매일이었다. 쌀집이 생긴 지 불과 1~2년 만인데도 하루가 다르게 급성장해가는 것 같아 보였다.

'그래 저거다. 나도 쌀장사를 하자.' 신협 막내 생활을 해서 어떻게 아들을 보살피겠는가? 자영업을 하면 조금이라도 더 아내를 도와줄 수 있지 않겠는가.

아! 그러나 지금에야 돌이켜 생각하니 아내가 갓 돌 지난 아들을 업고, 딸을 안고, 버스를 타고, 해운대 반송동에서 병원이 있는 초량 성*도병원까지 다닐 때 나는 한 번도 아내와 함께 병원에 같이 가주지 못했구나.

쌀장사를 하기로 마음먹은 지 꼭 한 달 만에 직장에 사직서를 제출했다. 2000년 12월 31일까지만 근무하기로 했다. 부랴부랴 가게를 알아보고 다녔다. 마음이 설렜다. 가게 문만 열면 손님이 구름처럼 모일 것 같았다.

부산시 동래구 안락2동 사무소 근처에 충렬시장이 있다. 시장으로 들어가는 길목에 단독주택이 있었다. 대지가 50여 평, 건평이 30여 평 정도에 조그만 2층짜리 건물이다. 2층에는 건물주 할머니가 아들과 함께 살고 있었다. 1층에는 근린생활시설로 된 10평짜리 점포가 2개 있었다. 빈 점포는 6평 정도가 장사를 위한 매장이고, 나머지 4평 정도에는 방 한 칸과 부엌, 화장실이 딸려 있었다.

한쪽 점포에서는 벽지 도배 인테리어를 하는 사장님이 7살, 5살 남매 아이를 키우면서 장사를 하고 있었다. 인테리어 사장님과 아이들을 보니 장사와 살림을 같이할 수 있을 것 같았다.

나와 아내는 여기서 18개월 된 쌍둥이 아이들을 키우면서 함께 장사를 하기로 했다. 장사를 위해서 신혼 초에 장만했던 아파트를 처분했다.

어? 그러고 보니 나도 내 이름으로 된 아파트를 가졌던 적이 있었네? 전에 딸에게 아빠 친구들 중에 아빠가 제일 먼저 아파트를 샀었다고 자랑스레 이야기했다. 딸이 말했다.

─ 대신에 아빠가 제일 먼저 팔았잖아!

아파트를 처분한 돈으로 점포를 얻고, 매장에 전시할 쌀을 사 넣고, 쌀 배달용 오토바이를 장만했다. 점포 앞에 간판도 달았다. '행복한쌀창고.' 개업일은 2001년 1월 1일이었다. 밀레니엄의 첫 시작, 환상적인 날짜이지 않은가. 그러나 그때부터 행복 끝, 불행 시작이었다. 인생은 쓰디쓴 것이야. 아무런 경험도 없이 세밀하게 계획도 하지 않고 아무런 조언도 듣지 않았다. 무턱대고 개업을 한 데서부터 생겨난 예견된 미래였다.

쌀 시장의 전체적인 현황과 산지 쌀 공급처 등을 세밀히 알아보고 신중히 결정하지 않은 과오를 저질렀다. 그런 사람에게 세상이 은혜를 베풀어줄 이유가 없었다.

다시 사주마고 약속한 아파트는 간 데가 없어졌다. 열 평짜리 전셋집을 전전했다. 그간 고생은 필설로 형용할 수 없다. 흑흑.

장사 초기 2년 정도는 점포에 딸린 한 칸짜리 방에서 장사와 살림을 겸했다. 아내와 쌍둥이 아이들이 너무 힘들어했다. 특히 장애가 있는 아들을 보살피는 일은 사람이 감당할 수 있는 일이 아니었다.

– 뭐? 사람이 감당할 수 있는 일이 아니라고?

그렇다. 나는 그렇게 생각한다.

이 땅의 장애인을 보살피는 모든 어머니들은 사람이 아니다. 신이다. 하느님보다 천 배 훌륭하고 부처님보다 만 배 훌륭하다.

장사와 살림을 분리해서 아내와 아이들이 조금이라도 편히 쉴 수 있도록 해야 했다. 가게 옆에 주택을 전세로 얻어 살림을 분리했다. 이후 살림집은 10평 정도 전셋집을 전전했다.

시간은 빨리 흘렀다. 개업한 지 12~13년이 흘렀다. 사업은 여전히 지지부진했다. 어느덧 내 나이 사십 대 중반을 바라보고 있었다.

유통업을 하는 동생뻘 사장이 있었다. 이곳저곳 정이 많은 동생이다.

– 행님, 임대아파트에 신청해보이소. 우리 친구가 임대아파트에 사는데 요새 임대아파트가 너무 잘돼 있다 아임니꺼.

– 흠… 임대아파트라.

대부분의 임대아파트는 부산 시내에서 너무 외진 곳에 있지 않은가. 학교는 어떻게 다닌단 말인가. 딸이 중3인데…, 한창 예민한 시기인데 걱정이 앞섰다. 하지만 지금은 딸 걱정을 할 때가 아니고 내 코가 석 자다. 딸아 미안하다. 아빠를 용서해라.

2013년 22평형 LH 임대아파트에 입주 신청을 했다. 많은 신청자들이 있었다. 다행히 나도 당첨되었다. 얼마나 기뻤는지 모른다.

입주 전날 아파트를 미리 둘러보았다. 현관문을 열었는데 거실에 쏟아져 들어오던 햇살이 얼마나 눈부시던지. 사직 야구장만 한 마루는 그렇게 넓어 보일 수가 없었다. 거실 앞쪽으로 트인 베란다는 또 어떻고….

나는 거실 마루에 길게 드러누웠다. 거실 통유리에 푸른 하늘이 들어왔다. 속으로 생각했다.

― 아, 진짜 좋다. 이제 이사 안 다녀도 되겠다.

지금 나는 9년째 이 집에서 살고 있다. 별다른 이야기를 하지 않아도 온 가족이 다 모여서 같이 뒹굴고 있는 지금이 최상의 행복이다.

나는 20년차 쌀장사다. 2001년에 시작한 쌀장사는 자리 잡는 데만 10년 넘게 걸린 듯하다. 이 책은 사업을 잘하기 위한 방법을 이야기하는 책이 아니다.

― 어? 이 사람은 나보다 더 힘든 것 같은데 오히려 더 즐거운 마음 같아 보이네?

이런 마음을 가져가시면 나는 글을 쓴 보람이 있다.

적당히 하고 살아요
– 너무 깨끗하게 쓸고 닦으면 복 나갑니다

'되'는 재래시장에서 쌀을 파는 방식이다. 되는 잡곡 따위를 부피로 계량하는 단위다. 열 되는 한 말이 된다. 열 말은 한 섬이다. 계량하는 사람에 따라 부피가 줄기도 하고 늘기도 한다.

어릴 때 재래시장 싸전에 가보면 되를 잡는 사람의 손이 신기와 같았다. 쌀을 받을 때는 되를 톡톡 쳐가면서 천천히 받아 잰다. 그러나 쌀을 팔아넘길 때는 어찌나 날렵한지 되를 재는 손이 보이지가 않을 정도다. 쌀이 잠시라도 머물면 쌀이 밑으로 쳐져서 부피가 줄어들기 때문이다.

우리나라는 1961년 미터법을 공식 채택했다. 한 자는 약 30cm로 환산되었다. 한 근은 약 600g이다. 예에서 보는 것처럼 길이의 단위끼리 자를 센티미터(cm)로, 무게의 단위끼리 근을 그램(g)으로 환산하는 작업은 비교적 간단하다.

그러나 쌀, 보리, 콩 같은 농산물은 홉, 되, 말 등 부피 단위로 유통되어 왔다. 그래서 부피를 그램(g), 킬로그램(kg)처럼 무게 단위로 환산하는 작업이 필요했다. 그런데 전국에서 통용되는 농산물 한 가마의 무게가 지방에 따라 다 달랐다. 한 가마는 50되를 말한다. 예를 들어 보리쌀은 서울에서는 가마당 76.5kg이지만, 대구·부산은 80kg, 대전은 72kg으로 다 다르다.

그래서 정부에서는 1980년대 초부터 지방별로 제각각 유통되는 농산물의 도량형을 조사했다. 부피로 계량하던 것을 무게로 환산하도록 조정한 것이다.

쌀 한 되는 1.6kg으로 공시되었다. 한 말은 16kg이고, 한 섬은 160kg이다. 옛날부터 쌀 한 가마는 되로는 50되이다. 그래서 쌀 한가마는 80kg이다. 같이 장사하는 쌀 유통상들도 가마를 섬과 착각하는데, 이는 오류다. 한 가마는 반 섬이다.

쌀처럼 한 되를 1.6kg으로 하는 것은 쌀, 팥, 좁쌀, 쌀보리 등이다. 곡식 중에서는 무게가 많이 나간다.

1.4kg이 한 되가 되는 것은 속청, 메주콩 등 콩 종류이다. 보리 중에서는 늘보리가 1.4kg이다. 늘보리는 쌀보리보다 무게가 덜 나간다는 뜻이다. 수수, 율무는 1.5kg, 메밀은 특히 가벼워서 1.2kg이면 한 되가 된다. 깨는 참깨와 들깨의 무게가 다르다. 참깨는 1.2kg, 들깨는 900g이 한 되다. 들깨도 참깨보다 많이 가볍다는 뜻이다.

그래도 아직 전통시장에서는 되로 사는 것이 제맛이다.

– 쌀 한 되 주세요.

하면 깔끔할 것을,

– 쌀 1.6kg 주세요.

영 어색하지 않은가?

요즘 우리 사업장에서는 쌀을 한 되나 10kg씩 소량으로 저울에 달아서 팔지는 않는다. 점포에 방문하는 가정집 손님들을 상대로 장사하는 것이 아니라 병원이나 식당 등 대량 소비처를 대상으로 사업 방향을 전환했기 때문이다.

개업 초기에는 넓은 플라스틱 함지에다 쌀을 부어놓고 저울로 달아 팔기도 했다. 쌀을 조금씩 사서 드시는 것을 선호하는 분들도 있고, 혼자 사는 총각들은 한 되씩 사 가기도 했다. 또 제사나 가족 생일상에 쓰기 위해서 특별히 새로 쌀을 준비하시는 분도 많았다.

플라스틱으로 만든 큰 통에 늘보리, 쌀보리, 현미, 찹쌀, 율무, 속청 등을 담아놓고 주문한 만큼 저울에 달아 팔았다. 그러다 보면 낱알들이 떨어져서 주변이 지저분해지기도 하고 함지 주변에 먼지가 들러붙기도 한다. 그런 것들이 눈에 거슬려서 매일 함지를 비우고 물걸레로 깨끗이 닦았다. 가게 앞에 함지를 쭉 늘어서 엎어놓고 말리기도 자주 했다.

가게 부근 충렬시장에서 반찬가게를 하시는 분이 계셨다. 장사 경험이 많으셔서 늘 이런저런 좋은 이야기들을 많이 해주셨다. 그날도 내가 함지를 엎어놓고 청소를 하고 있었는데 아주머니가 지나가시면서 한마디 툭 하셨다.

- 너무 깨끗하게 쓸고 닦으모 복 나간다.

내가 너무 수선을 떠는 양을 보고 우스갯소리로 하신 말씀인 줄로 알고 별 느낌 없이 지내왔다. 그런데 장사를 한 이십 년 넘게 해오는 동안 이제는 내가 그 말을 자주 써먹는다.

나는 직장생활을 할 때부터 주변이 정리 정돈되어 있지 않으면 왠지 뭔가 불확실한 것이 마음을 조여서 안절부절못할 때가 많았다. 볼펜이나 호치키스, 지우개 등 제자리에 있어야 할 것이 없어지는 경우가 있었다. 옆자리 직원들이 급한 마음에 집어간 것이다. 그럴 때마다 이리저리 돌아다니면서 내 지우개를 찾아 내 자리로 가지고 와야 직성이 풀렸다.

장사꾼이 되고서도 늘 쓸고 닦는 것이 습관이 되어 한겨울에도 물걸레로 트럭 번호판을 닦기도 하는 것이다. 늘 쓸고 닦는 습관은 어느새 강박이 되었다. 쓸고 닦여져 있지 않으면 왠지 인생이 계획대로 되지 않을 것 같은 불안감이 앞선다.

이 불안감이 인생을 살아가는 데 방해가 된다는 것을 알게 되었다. 인생은 쓸고 닦여져 있어야 하는 것이 순리다. 그러나 어쩔 수 없이 그렇게 하지 못할 때가 많다는 것을 알게 되었다.

어느 순간 나이가 들어서인지 이제 가끔 주변이 어수선해도 눈감아지고 옷에 뭐가 묻었어도 아무렇지 않게 부산 시내를 쏘다닌다. 죽기 살기로 살았어도 내 주제는 아무것도 아닌 장사꾼인데 뭐가 좀 묻어 있으면 또 어떤가 하고 생각하면 마음이 편하다. 일을 하다 묻은 때는 일을 열심히 했다는 표시가 아닌가.

58년 개띠인 영풍상회 사장님이 젊었던 시절 이야기를 해주셨다. 사장님은 총각 시절에 부산 깡통시장에서 점원으로 일했었다고 한다. 그때 주인 할머니는 손끝이 날래고 사람 부리는 일이 야무지기가 이를 데 없는 분이셨다. 할머니는 분수에 사치스럽고 입는 것에 돈 쓰기 좋아하는 직원들을 보면 입버릇처럼 이야기하더란다.

– 장사꾼 옷은 좋은 거 필요 없고, 땀내 안 나도록 자주 빨아서 입으모 된다.

주변이 어수선한 것을 못 참는 사람들을 잘 살펴보면 일이 조금이라도 뜻대로 안 되면 영 못 참는 사람들이 있다. 고백건대 예전의 나 역시 오랜만의 가족 외출에서 분 단위로 일정표를 짜놓고는 차가 좀 막혀서 정해진 시각에 도착하지 못하는 경우, 또 색다른 경험을 하느라 맛집에 들렀는데 길게 줄이 선 경우, 이럴 때는 시간이 아깝다는 마음이 들어 영 안절부절 세상이 끝난 것처럼 조급하게 군 적이 있다.

좀 기다리면 어떤가? 평소에 그다지 열심히 산 것도 아니면서 가족들을 위해서 잠시 기다리는 시간에는 왜 그렇게 유별나게 안절부절못하는가. 어디 세상 모든 일이 내가 계획 세운 대로만 돌아가던가? 모름지기 세상일은 숨 쉬는 것 말고는 내 뜻대로 되는 일이 하나도 없다는 것을 안 지금에는 이미 많은 세월이 흘러 있었다.

반여동에 도시락집을 하는 깔끔한 아주머니가 있다. 말할 수 없이 사근사근하고 붙임성이 있는 분이었다. 오래도록 거래를 하면서 느낀 인상도 손님들에게 쉽게 다가가서 이것저것 챙겨주는 털털한 성격이다. 그런데 털파리 성격과 달리 매장에는 먼지 한 톨 없다.

도시락 가게에는 아주 이르다 할 아침 6시쯤에 도착할 때가 많은데 친정어머니가 나오셔서 일을 도와주고 계신다. 내가 씩 웃으면서 물었다.

– 사장님이 우리 어머니 꽤나 괴롭히시겠는데요?

– 잉?

그때서야 어머니가 '그걸 어떻게 아냐?' 하는 표정으로 말씀하셨다.

– 아이고 저기 겉은 털털해 비도(보여도) 일이 좀 잘못되모(되면) 식당 사람들을 몬 살게 안 구나. 우찌케나(어떻게나) 까탈스럽게 하던지….

깔끔을 떠는 사장님을 만나면 늘 한소리해준다.

– 너무 깨끗하게 해놓으면 복 나갑니다.

본인도 알고 있단다. 그런데 포장 시간을 못 맞춰서 손님이 오래 기다리거나, 포장이 엉성하거나 한 것을 보면 손님에게 완벽한 서비스를 해 주지 못한 것에 대해서 자신도 모르게 화가 난다고 한다.

솔직히 말하면 나도 그랬다. 아니 지금도 그렇다. 장사를 하다 보면 유쾌하지 못한 일로 거래처를 방문해야 할 때가 있다. 쌀이 안 좋다, 대금 회수가 잘 안 된다, 이런저런 많은 일이 생긴다. 내일 다시 그 식당을 방문해서 문제를 해결해야 하는 경우가 있다. 그런 날이면 새벽에 눈을 뜨자마자 식당에 가야 할 일이 생각나면서 저절로 가슴이 쿵쿵 뛰기 시작한다. 심장 뛰는 속도가 지나치게 빠르다. 귀밑에서 얼굴이 달아오르는 것이 느껴진다. 그 느낌이 아주 기분 나쁘다.

마흔이 채 되기 전의 일이다. 한의원을 간 적이 있다. 쌀을 둘러메고 다니다 보니 근육이 뭉치는 일이 잦았다. 식당 사장님들이 침을 맞아보라고 해서다. 노상 도마에 칼질을 해야 하는 사장님들도 늘 어깨 근육이 뭉치는 일이 잦다고 하였다. 시큰둥한 마음으로 반여동에 있는 한의원을 갔다. 나는 왠지 한의원이 별로 신뢰가 가지 않았다. 주사도 주지 않고 약도 발라주지 않고 손목을 잡아보는 게 다가 아닌가. 거기다 한약은 보통 한 달 정도는 먹어야 효과가 있다고 한다. 그럴 새가 어디 있나?

한의사가 맥을 짚어보고는 지금 나에게는 근육통이 문제가 아니고 스스로 마음을 너무 조급하게 먹는 것이 더 큰 문제라고 했다. 마음에 큰 병이 있다는 것이다.

– 어? 어떻게 알았지? 어떻게 맥을 짚어보고 그런 걸 알 수가 있지?

모든 병이 마음에서 온다며 새벽에 혼자 아무도 없는 학교 운동장을 천천히 걷는 연습을 하라고 하는 것이다. 속으로 헛웃음을 지으며 하루하루 밥 먹고 사는 것도 해결이 안 된 주제에 그렇게 천천히 걷는 연습하다가는 내가 먼저 심장 터져 죽을 거라고 생각했다.

한의사가 명의였던지 몇 년 뒤 마흔이 넘자마자 나는 탈이 나기 시작했다. 혈압약을 먹어야 할 정도로 혈압이 높아졌기 때문이다.

- 윽~~! 혈압 오를 일이 너무 많긴 했지.

그런데 지금은 많이 달라졌다. 나는 스스로에게 너는 완벽하지 않다고 세뇌시킨다. 나는 다른 사람을 터무니없이 오해해서 생사람을 잡을 수도 있고, 거꾸로 사람들이 나를 돈밖에 모르는 겉 다르고 속 다른 장사꾼으로 생각할 수도 있다.

아, 정녕 모름지기 세상일은 숨 쉬는 것 말고는 내 뜻대로 되는 일이 하나도 없는 것을 알아야 한다. 그래야 나도 편하고 내 주위에 같이 일하는 동료나 가족들도 편하다. 세상일이 뜻대로 되는 것이 있던가.

인생은 항상 열어놓고 살아야 한다. 이래야 한다, 저래야 한다 이렇게 정해놓고 살면 마음만 괴로울 뿐이다.

아들, 독립, 성요셉마을로 가다
– 그곳에 아들이 산다

아들이 커가고 있었다. 덩치가 커진 아이를 잠시 뉘어놓고 가게 옆 재래시장에서 급하게 찬거리를 사왔다. 아들이 등으로 방바닥을 밀고 다니면서 이리저리 손을 놀린다. 커튼이 얼굴에 닿자 거미같이 야윈 손을 뻗어 당겨본다. 커튼이 얼굴 위로 떨어진다. 아이는 커튼 자락을 걷어낼 줄 모른다. 커튼을 이불처럼 뒤집어쓴 채 놀고 있다. 커튼 놀이가 재미있는지 껄껄거리고 웃고 있다.

아들의 손가락을 지그시 깨물어본다. 아들은 아프다고 얼굴만 찡그릴 뿐 손을 빼낼 줄 모른다. 아내의 속은 병들어가고 있었다.

아들은 가끔 괴성에 가까운 고함을 질렀다. 무언가 뜻에 맞지 않는 것이 있다는 뜻인데 말을 할 수 없으니 도무지 알 수가 없었다. 어디가 아픈가 배를 눌러도 보고, 모기가 물어서 어디가 가려운가 살펴보기도 했다. 한 번 고함을 지르기 시작하면 두 시간은 기본이고 서너 시간씩 계속되기도 했다. 가족들의 어려움은 말로 할 수 없다.

재종 아우의 결혼식에 가족들이 참석했다. 피로연 식당에서 주변이 너무 시끄러워 자극을 받았는지 아들이 고함을 지르기 시작했다. 내가 아들을 안고 밖으로 나왔다가 달래주다가 했는데 영 진정이 되지 않았다. 이때 얼마나 고함 소리가 컸는지 재종 매형들이 깜짝 놀랐던 일을 지금도 이야기한다.

— 처남, 처수가 욕보신다.

아들 덕분에 아내는 친척 어른들의 안쓰러움을 가득 안고 사랑받는 며느리가 되었다.

2010년 여름, 이제 내년에 쌍둥이 여동생은 중학생이 된다. 아들은 엄마가 업고 다니기에는 키가 너무 커졌다. 띠 밖으로 마른 다리가 삐죽 나왔다. 다리가 땅바닥에 끌릴 듯했다. 머리는 제 엄마보다 한 뼘이나 위로 들려 있었다.

지나가는 할머니들은 다 큰 아이를 왜 업고 다니냐고 물었다. 아내는 그럴 때마다 울었다. 나는 아이를 장애인 보호 시설로 보내기로 했다. 아내 몰래 부산에 있는 장애인 시설들을 돌아다니며 아들이 지낼 만한 곳이 있나 살폈다.

나는 경악했다. 시설들이 너무 열악했다. 대부분 기존에 지어져 있던 4, 5층짜리 다가구 주택 건물을 개조해서 시설로 사용하고 있었다. 1층 현관을 개조한 집도 있었는데 건축 당시의 목적에 맞지 않게 사용되다

보니 휠체어가 지나다닐 수 없을 정도로 복도가 좁은 곳도 있었다.

방안에 이불이 깔려 있고 장애아동들이 방바닥에 눕혀진 채로 생활하고 있는 열악한 환경들이 너무 많았다. 그런데 그런 열악한 시설이나마 운영되고 있다는 것이 다행이라 할 정도로 시설 자체가 턱없이 부족했다. 그런 시설들조차 입소를 기다리고 있는 사람들이 정말 많았다.

그 무렵, 아픈 아들을 데리고 장사 일을 하는 내 처지를 안쓰럽게 생각해 동생처럼 보살펴주고 있는 녹*푸드 대표 이*준 형으로부터 연락이 왔다. 천주교 대구 교구에서 운영하는 경북 김천의 성요셉마을에서 막 시설을 개원하고 거주를 원하는 중증장애인을 모집하고 있다는 소식을 들었다는 것이다.

나는 바로 아들을 데리고 김천으로 갔다. 그곳에는 신부님이 계시고 물리치료 선생님과 간호사 선생님이 상주했다. 먼저 와 있던 형들의 표정이 밝았다. 아들에게 인사해주는 누나들도 있었다. 마당의 잔디밭이 널찍했다. 저 멀리 들판 너머로 산과 들이 하늘과 닿아 있었다. 드디어 아들이 지낼 만한 곳을 찾은 듯했다. 몇 번의 추가 상담이 있고 입소가 결정되었다. 2011년 1월 11일의 일이다.

2011년 2월 새해 설, 아들은 설날을 엄마 아빠와 함께 보냈다. 설 연휴 토요일, 나는 노모와 아내와 아들을 트럭에 태웠다. 여든의 노모께서는 앞으로 손자가 살아가야 할 곳을 보아두고 싶어 하셨다. 어머니는 이때부터 잘 웃지 않으셨다. 마음에 병이 드신 것이다.

경북 김천 중증장애인 거주시설 성요셉마을. 그곳에 아들을 두었다. 아들을 시설에 두고 돌아오던 트럭 안에서 흐느껴 울었다. 지난 세월이 주마등처럼 흘렀다.

아들이 태어나고, 장애가 있을 거라는 의사의 진단을 받고, 머릿속이 하얘지고, 하늘이 무너지고…. 아들이 평생 먹고 입을 거리를 벌어놓아야 한다는 철없고 무의미한 생각으로 무턱대고 장사 일에 뛰어들고….

가족들을 경제적인 수렁으로 내몰고만 어리석은 가장이 되었다는 죄의식이 하염없는 눈물을 불러왔다. 생전에 부치시던 밭에 모셔져 있는 선친의 묘소에서도 엎드려 울었다. 아들을 내가 거두지 못하고 다른 사람의 손에 맡기고 왔다는 사실에 끝 모를 죄책감이 들었다.

매일 저녁 현관문을 열면서 '하대'를 불렀다. 하대는 아들의 별명이다. 부산 성*도병원 소아과 물리치료를 맡은 선생님이 수틀리면 목청껏 고함을 지르는 아들에게 이름처럼 대차다고 붙여준 이름이다.

– 하대!

원래 대답 없는 이름이었지만, 이제 실제로 아들은 나와 함께 있지 않았다. 아들을 성요셉마을에 맡긴 지 일 년 동안 두문불출했다. 오로지 집과 가게를 오가며 배달에만 열중했다. 2주에 한 번, 진주에 계시는 어머니를 뵙고 오고, 한 달에 한 번 김천으로 가서 아들을 만나고 왔다.

바깥 출입을 일절 하지 않았다. 같이 장사하는 사람들과 식사자리도 하지 않았고, 오랫동안 사귀어온 고향 친구들을 만나지도 않았다. 나의 결혼식 때 사회를 보았던 대학 동아리 친구들과는 지금까지 인연을 끊고 산다.

집 옆에 있는 부산 시립 명장도서관에서 책을 빌려다 읽었다. 주로 『아리랑』 같은 장편소설을 빌렸다. 도서관이 유일한 피난처였다.

마음이 허전했다. 그해는 유난히 비가 자주 왔다. 비가 오는 것이 짜증스러웠다. 하루하루가 고역이었다. 아이를 살리고자 시작한 장사 일이었다. 아이의 치료비를 위해서, 아이가 먹고살 돈을 벌기 위해서 시작한 일이다. 조금이라도 돈이 더 필요했다. 그러나 돈은 벌리지 않았고 아들을 감당하지 못한 못난 아버지가 되었다. 장사 일을 시작한 지 십 년이 흘렀음에도 가족들의 먹고사는 문제를 해결하지 못한 가장이 되었다. 살아갈 의미가 없었다.

장영희 선생은 어릴 때 소아마비를 앓아 장애를 가졌다. 선생은 자신의 저서 『문학의 숲을 거닐다』에서 어머니에 대한 기억을 적었다.

"딸이 발붙일 한 뼘의 자리를 마련하기 위해 목숨 걸고 운명에 반항하여 싸운 나의 어머니. 장애는 곧 죄를 의미하는 사회에서 마음속으로 피를 철철 흘려도 당당하고 의연하게 딸을 지킨 나의 어머니, 업어서 교실에 데려다 놓고 밖에서 추위에 떨며 기다리시던 나의 어머니, 장애를 이유로 입학시험 보는 것조차 허락하지 않는 학교를 찾아가 제발 응시만이라도 하게 해달라고 사정하며 다니시던 나의 아버지…."

― 『문학의 숲을 거닐다』, 장영희

여성 최초의 노벨문학상 수상자이며 『대지』의 작가 펄 벅은 한국의 고아를 포함, 국적이 다른 아홉 명의 고아들을 입양했다. 그러나 그녀의 유일한 피붙이는 중증의 지적장애와 자폐증이 겹친 딸 하나뿐이다. 펄 벅 여사는 우리나라에도 혼혈아를 위한 재단을 세우고 장애인의 권리를 위해 헌신했다. 펄 벅 여사는 자신이 가장 어렵게 쓴 책이라고 고백한 『자라지 않는 아이』에서 장애를 가진 아이들도 교육을 받을 권리, 행복을 추구할 권리가 있음을 외쳤다.

아, 나는 아들을 위해서 무슨 일을 했던가.

아, 나의 아들은 아버지를 기억이나 할까. 나는 한참을 울었다.

아아, 나는 무능한 아버지.

나는 아들을 시설에 맡긴 무능한 아버지가 되고 말았다.

풀리는 한강가에서

– 서정주

강물이 풀리다니
강물은 무엇하러 또 풀리는가
우리들의 무슨 설움 무슨 기쁨 때문에
강물은 또 풀리는가
(후략)

시인 서정주는 봄이 왔다고 제멋대로 혼자 풀어져버리는 강물을 적었다. 자연의 시계는 무심하다. 사람들의 아픈 마음 따위에는 아랑곳 않고 얼음이 녹고 꽃이 피는 봄이 와버린 것이다. 나에게는 무관심한 타인과 같다. 그래서 나는 이 시를 읽을 때마다 내 마음의 상처가 어루만져진다.

2022년 여름이다. 풀리는 강물처럼 무심하게 세월은 잘도 흐른다. 아들은 김천 성요셉마을에서 신부님과 친구들과 11년째 함께 살고 있다.

아들의 독립. 나에게는 아들이 김천 성요셉마을에서 아프지 않고 잘 지내 주는 것. 그것이 아들의 또 다른 독립이다.

장사 일로 식당 사장님들을 오래 만나다 보면 자연스레 아이들 이야기를 물어온다.

- 하 사장은 아이들이 몇이고?
- 아들 한 마리, 딸 두 마리입니더.

그러면 또 아들은 몇 살인지 물어온다.
- 스물다섯 됩니다.
- 군에는 갔다 왔겠네? 복학하나?

사람들이 생각하는 대한민국의 스무 살 중반의 남자는 항상 군에 갔다
와야 하고 대학생이어야 한다.
- 네, 군에는 안 가도 되고, 뜻한 바 있어서 경북 김천에서 신부님들하
고 친구들하고 같이 공부하고 있습니다.
- 오, 신부님들과? 신부가 되려고?
- 예, 그런 것 같습니다.

그렇게 나는 아들을 독립시켰다.
이번 설에 아들은 김천에서 내려와 가족들과 같이 명절을 보냈다. 키
가 커져서 아빠 가슴팍까지 올라온다. 아빠랑 같이 이불을 뒤집어쓰고
숨바꼭질을 하고 서로 보듬고 뒹굴다 돌아갔다.

천직(天職), 아름다운 마무리
– 내가 걸어온 길 말고는 다른 길이 없었음을 깨닫는 것

애초에 계획에 없던 장사꾼의 삶, 이 모든 것들이 나에게 크나큰 괴로움이었다. 신혼 때 가지고 있었던 조그만 아파트를 날려먹고, 오십을 바라보는 나이에도 내 이름으로 된 집 한 채 없이 푸른 청춘을 허비하고 살아온 내가 한심했다.

왜 장사를 시작했지? 그때 직장생활을 유지하면서 아들의 치료를 병행했더라면 헛된 고생에 청춘을 허비하지도 않았을 텐데…, 그랬더라면 아파트라도 한 채 가지고 있었을 텐데 하는 생각을 해보는 때가 있었다. 그런 대로 편안하게 시작한 신용협동조합에서의 직장생활을 그만두고 팔자에 없는 쌀장사를 하게 된 것은 순전히 장애를 갖고 태어난 아들 탓이라고 생각했던 적이 있었다. 그때 그랬더라면….

그러나 인생에는 가정이 없다. 사람은 두 번 살 수가 없기 때문이다.

"내가 걸어온 길 말고는 나에게 다른 길이 없었음을 깨닫고 그 길이 나를 성장시켜주었음을 긍정한다. 자신에게 일어난 일들과 모든 과정의 의

미를 이해하고 나에게 성장의 기회를 준 삶에 대해 감사하는 것이 아름다운 마무리다."

　　-『아름다운 마무리』, 법정

　사람들은 책 속에서 읽은 글귀나 영화의 명대사들에서 위로를 받기도 하고 용기를 얻기도 한다. 또 그것에 자신만의 새로운 해석을 담기도 하면서 하루하루 험난한 인생을 살아간다.

　나는 20년 넘는 세월을 장사꾼으로 살아오고 있다. 그러면서도 생업으로 하고 있는 쌀장사 일이 힘들고 괴로워서 다른 일이 없을까 하는 생각을 할 때가 많다. 아들만 아니었으면 하얀 셔츠에 넥타이 매고서 직장인으로 편하게 살 수 있었는데 흔히 말하는 운명의 장난으로 어쩔 수 없이 장사를 하게 되었다는 생각을 나도 모르게 하게 된다. 그럴 때마다 법정 스님의『아름다운 마무리』에 나오는 이 문구를 중얼중얼해본다.

　그런데 이 '아름다운 마무리'란 것을 깨닫는다는 것이 쉽지 않다. 나 역시 내가 하는 일이 하찮고 구질구질하다고 생각해왔다. 그러던 어느 날 우연히 대오각성하게 되었다.

　그 사연은 이렇다.

　집안에 최고 어른이셨던 작은할머니께서 운명하셔서 친척들이 다 모였다. 할머니 상중에 나를 특별히 안타깝게 생각하시고 애정을 주시던 5

촌 당숙께서 오셨다. 아재께서 나를 보시고는 문득 생각난 듯 조용히 말씀하셨다.

– 윤아, 이제 니 나이도 50인데, 지금 하는 일을 천직으로 알고 살아라.

이 말씀을 듣는 순간 내 가슴속에서 천둥이 쳤다. 과연 나는 쌀장사를 천직으로 생각했던 적이 있었던가?

영세 장사꾼의 삶이란 것이 '오늘 하루 장사는 어떨까?', '내일은 비가 온다는데….' 하고 늘 노심초사하게 된다. 그럴 때마다 좀 더 편안한 일을 찾게 되고 나보다 편하게 살고 있는 사람들이 부러워지기도 한다. 과연 나는 나의 일을 천직으로 여기고 있는가. 지금 이것은 나의 참모습인가? 다른 어딘가에 나를 알아줄 세상이 있을 거라는 허황한 생각에 사로잡혀 있지는 않은가?

내가 걸어온 길 말고는 다른 길이 없었음을 받아들였는가. 내가 책에서 문장으로만 읽고 아무 생각 없이 중얼중얼 대던 이 말씀을 여든을 바라보시는 당숙 아재께서 당질의 고달픈 삶과 마음에 녹아 있는 시련과 번민을 꿰뚫어보시고 천직이라는 한 단어로 풀어내셨던 것이다.

직장생활을 그만두고 쌀장사의 길을 선택하게 된 과정에는 분명 장애를 갖고 태어난 아들을 위해서 돈을 벌어야 한다는 막다른 길을 만난 심정이 작용했을 수는 있다. 하지만 아들이 장애를 갖고 태어난 것과 내가 장사의 길을 걷게 된 것은 전혀 별개의 과정이다. 아들이 태어난 이후 선택에 대한 결과는 온전히 나의 몫이다.

당숙 아재의 말씀을 듣고 나를 되돌아볼 수 있었다. 버는 돈이 얼마가 되었든 자영업은 지금 하고 있는 일이 천직이라는 생각이 들지 않는다면 진실로 재미나게 일하기가 어렵다. 일이 재미나게 느껴질 때, 그때가 장사꾼으로 성공한 것이다. 내가 쌀장사를 하면서 만났던 사람들이 고맙고, 보낸 시간들이 나의 성숙을 가져왔다고 생각한다. 나는 이제 쌀장사의 길이 나의 천직이라고 생각한다.

"내가 걸어온 길 말고는 다른 길은 없었음을 깨닫는 것이 아름다운 마무리다."

물 밑에서 일하는 사람도 있다
– 아래를 보면 내 발밑에도 수많은 사람들이 있다

올 4월에 강원도 일원에 산불이 크게 났다. 이번 봄에는 가뭄이 심해 땅속까지 바싹 말라 있어서 진화 작업이 너무 힘들었다고 한다. 군인들까지 동원돼서 불 끄기에 나섰지만 보름이나 걸려서 겨우 진화됐다. 많은 산림이 타고 이재민이 생겼다.

이런 때는 배달 일을 하는 우리들은 불편하겠지만 때맞춰서 비라도 왕창 내려주면 좋겠다. 그런데 올봄에는 가뭄이 심해서 비 소식을 들어보지 못했다. 시커멓게 탄 산림들이 뉴스에 나온다. 안타깝다.

기상 이변의 영향인가. 어떤 때는 너무 많은 비가 와서 사람들을 곤란하게 한다. 옛날 할머니들 말씀대로 하늘이 하는 일이라 우리 인간이 어쩔 도리가 없으니 난감하다. 기상 정보는 배달 일을 하는 우리들이 민감하게 살피는 일이다.

요즘에는 시내를 돌다 보면 동래구 쪽에서는 구름이 잔뜩 끼고 폭우가 쏟아지는데, 동아대학이 있는 하단이나 사하구 쪽에서는 햇빛이 쩽쩽한 경우도 있다. 좁은 지역에서 갑자기 비가 세차게 쏟아지는 경우인데 기상청 용어로 '국지성 호우'라 한다. 호우주의보는 3시간 강우량이 60㎜ 또는 12시간 강우량이 110㎜ 이상 예상될 때 발효된다. 우산을 써도 제대로 비를 피하기 어려운 정도다.

한여름 태풍이나 장마철에는 비가 감당할 수 없을 정도로 세차게 내릴 때가 있다. 몇 년 전 여름에 부산 초량동의 지하차도가 물에 잠겨 사고가 나서 안타까운 인재가 발생하기도 했다.

비가 너무 많이 올 때는 식당에 전화를 걸어 쌀 재고량이 얼마나 되는지 확인한다. 요즘 식당들은 워낙 배달 서비스가 잘되어 있어서 대량의 재고를 두지 않는다. 식당 매출은 날씨에 따라 영향을 많이 받는 편인데도 기상 날씨에 둔감한 사장님들이 의외로 많다. 비를 무릅쓰고라도 배달을 가야 하는 경우가 있다.

2020년 제9호 태풍 마이삭이 새벽 2시쯤에 부산을 통과했을 때도 아침에 일을 나갈 수 있다는 나름의 계산이 있었다. 태풍이 저녁 8시쯤에 목포쯤에 도착한다면 나의 경우는 크게 다행이다. 태풍의 속도로 보면 부산 도착 시각이 자정쯤 된다. 내가 출근 준비를 하는 오전 3시 15분에는 이미 동해안 지역 어디쯤 있을 것이다.

― 태풍 뒤 바람의 영향은 있겠지만 배달에 크게 무리는 없겠지.

새벽녘에 태풍이 지나간 도심의 도로를 트럭이 달린다. 신호등이 넘어지고 나무가 부러져 있다. 나는 웬만한 비에는 트럭을 몰고 나가는 편이다. 비옷으로 무장을 하고 쌀이 비에 젖지 않도록 비닐로 씌운다. 트럭을 식당 가게 문 앞에 최대한 바짝 붙인다. 조심스럽게 트럭 문을 열고 쌀을 안고 식당으로 들어간다.

그러나 시간당 30mm 이상의 폭우가 쏟아질 때는 거의 불가능하다. 트럭 짐칸 문을 여는 순간, 트럭 지붕에 떨어진 비가 트럭 안으로 쏟아져 들어오는 수가 있다. 나는 울고 만다.

예전에 '스마일식당' 할머니가 생각난다.

당시 나는 아들을 중증장애인 시설인 김천 성요셉마을로 보내고 난 뒤 세상 모든 것을 잃었다는 생각에서 헤어날 수가 없었다. 아들을 거두지 못하고 남의 손에 맡겼다는 죄책감에 사로잡혀 있었다.

어느 날 비가 세차게 내렸다. 내 마음은 저 깊은 수렁에서 허우적대고 있었다. 스마일식당 할머니가 쌀을 주문했다. 스마일식당은 할머니가 혼자 운영하신다. 할머니는 내가 가게를 처음 열었을 때부터 우리 쌀을 써 주시는 분이다. 빗속을 뚫고 배달을 갔다.

– 아이고, 이 비를 맞고 왔나? 쌀이 좀 남아 있는데 비라도 좀 그치면 오지 그랬어.

할머니는 강원도 사람이다. 내 귀에는 표준말로 들린다.

마음이 힘들었던 나는 "괜찮심미더." 하고 너스레를 떨 조그만 여유조차도 없었다. 쌀포대를 내려놓고는 아무 말 없이 서 있었다. 몇 년을 거래하는 동안 할머니는 내가 몸이 아픈 아들을 두고 있고 장사 일을 하면서 참 힘들어한다는 사정을 알고 있다. 아들을 장애인 시설로 보냈다는 것도 알고 계신다.

– 힘들지? 아들은 잘 지내나?

할머니가 나를 따뜻하게 위로했다. 그런데 할머니 말이 끝나자마자 굵은 눈물이 왕창 쏟아졌다. 너무나 순간적으로 참을 새도 없이 주르륵 하염없이 쏟아졌다. 할머니가 나를 위로하는 말에 가득 차 있던 슬픔이 풍선 터지듯 터져 나온 것이다. 그냥 느닷없이 주룩주룩 쏟아지는 눈물이었다. 나는 소리 없이 한참이나 울었다.

하루하루 먹고사는 일은 아직 해결될 기미가 없고, 아들을 복지시설에 두고 온 무능력한 아버지라는 생각이 나를 괴롭혔다. "힘들지?" 하고 물어보시는 할머니 말씀이 울고 싶은 내 마음을 건드린 것이다.

할머니 앞에서 실컷 눈물을 쏟고 나니 좀 후련해지는 듯했다.

– 비 맞고 다니다 보니까 사는 기 고마 쓸쓸하고 처량하고 그러네요.

괜히 쑥스러워졌다. 붉게 충혈된 눈으로 뒤늦은 너스레를 떨었다.

할머니도 별일 아니라는 듯이 툭 던졌다.

– 비 맞는 것이 무슨 큰일이가? 물 밑에서 일하는 사람도 있다.

할머니가 내 등을 두드려주었다.

물 밑에서 일하는 사람?

새벽부터 비가 구질구질 올 때가 있다. 배달 일을 해서 먹고사는 사람들은 비가 오면 일하기 힘들어진다. 그럴 때마다 나는 물 밑에서 일하는 사람도 있다는 할머니 말이 생각난다. 오래도록 가슴에 남아 있는 말이다.

"물 밑에서 일하는 사람도 있다."

마음을 알아주는 친구
– 상식만천하, 지심능기인(相識滿天下 知心能幾人)

상식만천하, 지심능기인(相識滿天下 知心能幾人).

겉모습을 아는 사람이야 천하에 가득하지만, 마음을 아는 사는 사람은
몇이나 되겠는가.

2018년 개봉한 독립영화 〈벌새〉에서 한문교실 김영지 선생이 칠판에
써준 내용이다. 『명심보감』 「교우」 편에 나오는 구절이다. 한문 선생 김영
지는 주인공 은희의 마음을 알아주는 유일한 사람이다.

성수대교가 무너지던 1994년의 서울, 중학교 2학년 은희가 다니는 한
문교실 강사 김영지 선생은 서울대를 나오고 담배도 피운다. 왠지 그동
안 거쳐간 선생님들과는 많이 달랐다. 김영지 선생이 불러준 노래다.

잘린 손가락 바라보면서 소주 한잔 마신 밤
덜컹덜컹 기계소리 귓가에 남아
하늘 바라보았네

잘린 손가락 묻고 오던 밤

시린 눈물 흘리던 밤

피 묻은 작업복에 지나간 내 청춘

이리도 서럽구나

(후략)

  – 영화 〈벌새〉 중에서 한문 선생 김영지 노래

뭔지 모르겠지만 사회에 불만이 많은 듯하다. 한문 선생 김영지는 대사는 몇 안 되지만 은희가 기대고 싶은 유일한 선생님 역이다. 김영지 선생은 오빠에게 맞고 사는 은희에게 앞으로는 맞지 말라고 한다. 어떻게든 맞서 싸우라고 한다. 그런 김영지 선생에게 은희는 마음을 연다.

김영지 선생이 학원을 그만둔 뒤, 선생이 보내준 소포에 적힌 주소를 보고 선생의 집으로 찾아간 은희는 김영지 선생이 성수대교 붕괴로 세상을 떠난 것을 알게 된다. 소포는 선생이 세상을 떠난 뒤에 은희에게 도착한 것이다.

– 선생님, 제 삶도 언젠가 빛이 날까요?

은희는 김영지 선생에게 묻는다. 답해줄 김영지 선생은 세상에 없다.

나에게도 김영지 선생과 같은 사람이 있었다. 골드상사 대표 고(故) 최병철 사장님이시다. 장사 일 년 만에 쌀가게를 말아먹고 건물과 건물 사이의 불법 무허가 헛간을 쌀 창고로 쓰면서 고군분투하고 있을 때였다. 벼랑 끝에 매달려 떨어지지 않으려고 처절하게 용을 쓰고 있었다.

헛간으로 쫓겨간 지 1년 정도가 지났다. 어느 날 밖에서 누가 불렀다.

– 하 군아!

– 하 군아, 이사 갔다더마는 어데 있노?

같은 동네에 계시는 골드상사 대표 최병철 사장님이었다. 최 사장님은 '이태리 타올'이라고 부르는 초록색 '때수건'을 만드는 공장을 경영하고 계셨다. 최 사장님께서는 내가 쌀 점포를 날려먹고 인근 헛간으로 쫓겨갔다는 것을 알고 찾아오신 것이다. 헛간은 입구를 알루미늄 새시로 대충 달아놓아 입구가 어딘지 얼핏 알아볼 수가 없었다. 최 사장님께서는 이리저리 출입문을 찾고 있었다.

– 하 군아!

– 아! 예.

내가 새시를 벌컥 열었다.

최 사장님은 사람이 겨우 지나갈 만한 헛간에 벽을 따라 한 줄로 쌓아놓은 쌀을 보고 기가 막혀했다. 아무 말 없이 담배를 물었다.

– 후….

또 아무 말 없이

– 후~ 후~

담배 한 가치를 다 태우셨다.

천정이고 벽이고 한심한 모양을 이리저리 둘러보셨다. 그러고는 또 아무 말이 없으셨다. 새 담배를 꺼내 물었다. 최 사장님은 담배를 하루 두 갑 피우신다.

또 후~~!

사장님은 황당한 표정으로 연거푸 담배 두 대를 피우시고는 그냥 아무 말 없이 돌아가셨다.

다음날 최 사장님이 또 오셨다. 최 사장님은 또 아무 말 없이 담배를 꺼내 물고는

– 후~~ 후~~

말없이 손바닥만 한 헛간 이곳저곳 구석구석 천장이랑 벽을 이리저리 둘러보시고는 그냥 돌아가셨다.

며칠 있다가 최 사장님께서 또 찾아오셨다. 이번에는 담배는 꺼내지 않으시고 말했다.

– 하 군, 니 말이다. 여기서는 절대로 다시 못 일어선다.

– 예…. 저도 제가 한심하게 됐다고 생각하고 있습니더.

– 우리 공장 뒤편에 쓸 만한 창고가 있으니까 우선은 거기로 짐을 옮

기고, 거기서 다시 한번 일어나봐라.

나는 사양할 마음의 여유가 없었다.

– 감사합니다. 고맙습니다. 사장님.

최 사장님의 공장 창고에서 만 5년을 지냈다. 5년이 넘는 세월 동안 한 푼의 월세도 받지 않으셨다. 사장님의 창고에 있는 동안 죽기 살기로 일했다. 그곳에서 한숨을 돌리고 다시 일어설 기반을 마련했다. 내가 새로 사업장을 얻어 나갈 때 너무도 기뻐하시던 모습이 지금도 생생하다.

처음 쌀집을 열었던 동래구 안락동을 떠나 좀 더 넓은 사업장을 찾아 몇 번의 이사를 하는 동안 십오육 년이 흘렀다. 그러는 동안 사장님 공장 옆을 지날 때는 반가운 마음에 "사장님~!" 하고 불쑥 들려서 인사도 드리고 커피도 먹으면서 잠시 앉았다 왔다. 나보다 열두 살이 많으신 사장님은 늘 별말씀이 없이 다정하게 나를 맞았다.

도움을 준 사람이 '내가 너를 도왔다'는 것을 강조하게 되면 도움 받은 이는 부담을 가지게 된다. 최 사장님은 '내가 너를 도왔다'는 내색을 전혀 하지 않으셨다. 한두 달에 한 번 정도로 오랜만에 인사를 드려도 아침에 보고 오후에 또 보는 사람처럼 그저 언제나 무심한 듯 맞아주셨다. 내가 잘되는 것을 진심으로 바라고 내가 사업장을 넓은 곳으로 옮길 때마다 아주 좋아하셨다.

최 사장님은 어이없는 안전사고로 너무도 허망하게 고인이 되셨다.

지금의 나는 큰 탈 없이 마음을 비우고 밥 먹고살 만하다. 편안하고 행복한 마음이다. 힘든 장사길에 혼자 애쓴 결과가 아니다. 혼자서는 결코 이겨낼 수 없는 고된 장사 일을 거치면서 고마운 분들의 도움을 많이 받았다.

최병철 사장님은 평생 잊을 수 없는 은인이시다. 큰 형님 같은 마음으로 나를 감싸주시던 이태리타올 최병철 사장님은 고달픈 내 마음을 알아주시던 분이었다. 최병철 사장님이 그립다.

어떻게 사는 게 맞을까

어느 날 알 것 같다가도 정말 모르겠어

나쁜 일들이 닥치면서도 기쁜 일들이 함께한다는 것

우리는 늘 누군가를 만나

무언가를 나눈다는 것

세상은 참 신기하고 아름답다.

– 영화 〈벌새〉 중에서 한문 선생 김영지의 편지

2008/01/25 11:19

장사 2년 만에 쫓겨갔던 헛간. 담벼락을 따라 지어져 있다. 벽 부분 패널은 원래 나무판자로 되어 있었는데, 내가 고쳐 달았다. 건물이 재개발로 뜯기기 전에 기록사진으로 남겼다.

MAKE
YOUR
DESTINY

2

장사는
힘들어

장사 시작! 행복 끝, 불행 시작
– 준비 '땅!' "달려! 벼랑 끝으로"

아들은 물리치료가 필요했다. 아내는 아들을 업고 초량동 병원으로, 연산동 장애인복지관으로 정신없이 오갔다.

낮에 점포를 봐줄 사람이 없으니 매장은 늘 문이 닫혀 있어야 했다. 점포 문이 닫히니 방문 손님은 끊어지고 순전히 배달에 의존하게 되었다. 점포를 알리기 위해서 새벽 시간에 아파트 계단을 돌며 전단을 붙이면서 가게를 알려나갔지만 그 효과는 미미했다. 나의 쌀장사는 지지부진했다. 행복 끝, 불행 시작의 서막이었다.

나의 쌀장사는 수입보다 살림살이로 나가는 돈이 더 많았다. 다달이 적자의 연속이었다. 아내도 힘겨워하고 있었다. 장애가 있는 아들을 데리고 장사 일까지 같이하는 것은 아내에게 너무 벅찼다.

결국 장사한 지 2년여 만에 점포에서 살림집을 따로 떼어 가게 일에서 아내를 분리시켰다.

가게 부근에 2층 단독 주택이 있었다. 1층에는 주인 내외가 살고 2층을 세놓고 있었다. 우리 가게에도 자주 오시는 분이었다. 주인 내외는 어린

아이들을 데리고 장사하는 신출내기들이 안쓰러웠는지 선뜻 2층을 내주었다. 가게 보증금을 담보로 은행에서 돈을 빌려 2층 집을 세로 얻었다.

가게 달세와 살림집 달세, 은행 이자까지 부담해야 하는 지경에 이르렀다. 개업한 지 3년이 채 안 되었을 때, 나의 사업은 점점 수렁으로 빠져들고 있었다.

결국 매장을 없애기로 했다. 내가 배달을 나가는 동안 계속 문이 닫혀 있으니 방문 손님을 위한 매장이 필요 없다는 생각이었다. 인근에 창고로 쓸 만한 곳을 알아보고 다녔다.

다행히 원래 있던 점포 부근에 형성완구점이 있었다. 완구점 뒤편에 무허가 창고를 지어놓은 데가 있었다. 말이 창고지 삽이나 연장 따위를 넣어두기 위해서 건물 외곽 벽에 잇대어 좁다랗게 지어놓은 헛간이었다. 지붕은 나무 각목으로 얽어서 슬레이트를 얹힌 상태였다.

입구가 좁아서 쌀포대를 짊어지고 출입하기에도 버거웠다. 그래도 비를 피할 장소가 필요했다. 비가 새면 안 된다는 생각으로 실리콘을 보강해서 내가 쓰기로 했다. 쌀을 길바닥에 쌓아둘 수는 없지 않은가. 사정을 이야기하고 300만 원을 보증금조로 잡혔다. 나는 그렇게 장사 3년이 채 못 되어서 장사 밑천을 다 까먹었다.

눈물이 났으나 겉으로 표현할 수는 없었다. 쌀 창고를 그렇게 허름한 헛간으로 옮겼다고는 차마 아내에게 말하지 못했다. 아는 분이 쓰던 매장이 여유가 있어서 같이 쓰자고 해서 그렇게 하고 있다고 아내를 안심

시켰다. 그러나 세상에 비밀이 있는가? 더구나 남편이 하는 일을 아내가 눈치채지 않도록 할 수는 없었다.

나중에 아내가 알게 되었다. 무엇을? 내가 다 말아먹은 것을!

아내는 밤새도록 울었다.

― 왜 잘 알지도 못하고 장사를 시작했느냐?

― 아이들은 커가고 있는데 이제 어쩔 거냐?

할 말이 없었다. 막막한 밤이었다. 뜬눈으로 밤을 새웠다. 날이 밝아오고 있었다. 그러나 새벽은 눈물로 지새운 밤보다 더 막막하게 느껴졌다.

아내에게 미안했다. 다섯 형제 중 막내딸이 아닌가. 호강은 못 시켜줄망정 이 무슨 낭패인가 말이다. 그런데 아내에게 미안은 했지만 마음속으로 두렵거나 하지는 않았다. 열심히 노력하고 있는데 무슨 걱정이냐고 아내에게 큰소리쳤다.

아직 서른다섯, 그런 오기가 넘칠 수밖에….

처음에 가정집 손님을 대상으로 고급 브랜드 쌀을 취급하기로 했던 쌀장사였다. 생산자와 소비자를 연결한다는 거창한 생각이었지만 가게에서 불과 3km 부근에 있는 동래 메가마트만 가보더라도 전국 산지에서 올라온 쌀들이 '삐까번쩍'한 자태로 손님들을 유혹하면서 즐비하게 늘어서 있다. 나 같은 개인 자영업자가 첨단 서비스를 갖추고 있는 대형마트와 경쟁한다는 것이 무리라고 생각했다.

내 쌀가게의 주 고객 목표 설정이 잘못되었다는 판단이 들었다. 순수 가정집 손님만으로는 쌀을 많이 팔 수가 없다는 결론이었다. 많이 팔아내지 못하면 구매 자체가 대량으로 이루어질 수가 없고, 대량 구매가 안 되면 쌀을 싸게 사 들일 수가 없다. 상품의 원가가 높게 먹히면 무슨 경쟁력이 생기겠는가. 또 아파트 가정집 손님들은 주문하고는 전화 끊기가 무섭게 금방 독촉 전화를 하기 일쑤였다.

– 쌀 받아놓고 나가려고 했는데 언제 오냐?

– 지금 밥해야 되는데 언제쯤 오냐?

이런 식이다. 독촉을 하면 배달 구역을 넓힐 수가 없다.

쌀을 대량으로 소비하는 식당이나 병원, 건설 현장 등의 거래처로 방향 전환이 필요했다. 결국 가정집 손님을 버리기로 했다. 그동안의 노력이 아까웠지만 사업 전환을 하지 않으면 살아남을 수 없다는 결론이었다. 대형 식당 사장님들을 찾아다녔다.

헛간에서 생활이 십여 개월을 넘기고 있었다. 여기서 더 어려워지면 진짜 끝이다 싶은 순간에 식당 사장님들이 조금씩 마음을 열기 시작했다. 거래처가 조금씩 늘어갔다. 배달 지역도 가게가 있던 동래구에서 벗어나 금정구로, 노포동으로, 서면으로, 자갈치로, 광복동으로 확대되었다. 비로소 '아, 이제 해 볼 만하겠다!'는 생각이 들었다.

환경에 적응하라. '단군의 맛'
– 국내산 배추김치 '단군의 맛', 특허청 상표 등록하다

인류의 피부가 색깔을 가지게 되는 과정에 대해 미국 리버사이드대학교 이상희 교수의 유튜브 강의를 듣고 매우 놀랐다. 고대 인류가 진화를 거듭하면서 나무에서 내려오게 된다. 살던 지역은 아프리카 근처이다. 뜨거운 땡볕에 털옷을 입고 달리는 것을 상상해보면 긴 털이 얼마나 거추장스러웠을 것인가. 인류는 털 없는 피부로 진화하게 된다.

막상 털이 없어지고 보니 강렬한 자외선을 막을 필요가 있었다. 그래서 인류의 피부는 많은 멜라닌 색소를 가지는 쪽으로 진화하게 되었다. 멜라닌 색소가 많아지면 피부가 검어지게 된다.

인류는 오랜 세월에 걸쳐 유럽 등 햇볕이 약한 지역으로 서서히 이동한다. 사람은 적당한 햇빛이 필수적으로 있어야 한다. 햇볕을 쪼이기 위해서는 오히려 멜라닌 색소가 없는 것이 유리하다. 그래서 지역에 따라 하얀 피부의 사람이 생겨나기 시작했다. 사람의 피부색은 환경에 따라 진화해 온 것이다. 사람을 환경의 동물이라고 하지 않는가.

장사도 환경에 적응해야 한다. 쌀장사인 나도 마찬가지이다. 내가 쌀

장사라고 해서 쌀만 팔고 있는 것은 아니다. 쌀만 취급하던 내가 식당에서 필요한 다양한 식자재를 취급할 수 있었던 것은 같은 동네에서 장사하시던 '좋은횟집' 사장님 덕분이다.

내가 형성완구점 뒤 슬레이트 지붕 헛간으로 쫓겨나 있을 때였다. 어느 날 좋은횟집 사장님이 나를 불렀다.

— 하 사장, 지금 하 사장맹키로 쌀 한 품목만 가지고서는 식당 거래처를 확보하기가 힘들다. 식당에서 필요한 다른 식재료도 같이 취급해봐라. 쌈장, 간장, 와사비, 트리오 같은 거 말이다.

— 사장님. 저는 식재료를 전혀 모르는데요.

— 그라모 내가 우리 횟집에서 필요한 와사비, 간장 이런 거를 주문할 테니까, 하 사장이 식재료 도매상에서 물건을 떼어와서 우리 가게로 갖다도라. 하나씩 배워가모 되지 별거 있겠나?

이렇게 해서 조금씩 취급 제품을 확장해나갔다. 좋은횟집 사장님 덕분에 상품의 다양성이 확보되었던 것이다. 거래처가 늘기 시작했다. 바둑으로 치면 흰 돌과 검은 돌을 구분 못할 정도로 천지를 모르던 나는 조금씩 장사를 알아갔다.

김치, 고춧가루, 참기름, 트리오, 종이컵, 커피…. 취급 품목을 확장해나갔다. 큰 장사꾼은 될 수 없어도 식구들 밥은 굶기지 말아야 할 것이 아닌가.

그러던 차에 '해영상사' 사장님이 나를 좀 보자고 했다. 식자재를 오랫동안 납품하시던 분이다. 알고 지낸 지 몇 년 되었다. 사장님은 나이가 많고 싫증 날 만큼 장사를 해서 이제 그만두려한다는 것이다.

해영상사 사장님은 돈 한 푼 받지 않고 거래처를 모두 나에게 넘기셨다. 힘들 텐데 늘 예의바르고 웃는 모습이 보기 좋다. 좋은 날 올 거라는 격려도 해주셨다.

누군가 내 뒤통수를 눌러 물통 속에 처박았다가 다시 꺼내주는 것 같았다. 숨이 끊기는 절체절명 순간에 숨통이 트이는 것을 느꼈다.

내가 식재료를 취급하던 2005년 즈음에 중국산 수입 배추김치 시장이 확장 일로에 있었다. 나는 수입 배추김치뿐 아니라 국산 배추김치를 식당에 납품하고 싶었다.

나는 처음부터 내 브랜드를 갖고 싶었다. 처음 시작하면서 내 브랜드라니. 지나친 욕심일 수도 있었다. 녹*푸드 대표 이*준 형으로부터 부산에 있는 명품 김치 제조공장 '하*푸드'를 소개받았다. 하*푸드 대표는 나의 구상을 적극적으로 응원해주었다.

이렇게 해서 국내산 배추김치 브랜드인 '단군의 맛'이 탄생하였다. 단군의 맛은 2014년 내 이름으로 특허청에 지적재산권 상표등록 되었다.

보통은 현재가 모여서 미래가 된다고 한다. 그러나 이광현 교수는 자신의 저서 『경영자의 착각』에서 현재가 모여서 미래가 된다는 것은 과거

지향적 사고일 뿐이라고 말한다. 오히려 미래가 몰려와서 현재가 되는 것이라고 주장한다.

이것은 경영자는 모든 의사 결정의 시점을 미래에 두어야 한다는 것을 의미한다고 한다. 미래를 예측하여 어떤 방향으로 가야 하며, 거기로 가기 위해서는 지금부터 무엇을 해야 하는지 알고 있어야 한다고 주장한다.

2016년, 나는 가게 상호를 행복한쌀창고에서 '나눔T&D'로 변경했다. 카카오스토리 프로필을 열심히 수정했다.

- 정보와 자본의 빈곤에 기인한 경제적 약자들이 패자가 되는 자유시장 경제에 반기를 들다.
- 서로 평등한 유통 구조의 완성~! 이것이 공공의 이익에 충실한 경제 활동이다.

일견 거창한 일성! 드디어 나의 숨통이 트이는 순간이었다.

겸손은 어려워
- 벼는 익을수록 고개를 숙인다

    너무 큰소리치면 안 되는 때가 있다. 겸손은 참 어렵다. 장사가 잘되면 잘될수록 '내가 장사를 하고 있기는 해도 계산적이고 영악한 너희들과는 달라!'하는 조금은 건방진 마음이 들 때가 있다.

    어느 날 거래처 사장님한테서 전화가 왔다.

    - 하 사장, 며칠 전에 들어온 쌀에 곰팡이가 슬어 있어.

    나는 속으로 발끈했다. '그럴 리가'라고 생각했다.

    - 우리 집에 들어오는 쌀은 중간 단계를 거치지 않고 산지 미곡처리장에서 바로 들어오는데?

    - 금방금방 팔려나가서 곰팡이 슬 새도 없는데?

    나는 평소 조금 까탈스러워 보이는 이 사장님이 또 괜한 트집을 잡는다고 생각했다.

    식당에서는 필요할 때마다 조금씩 바가지로 퍼낸다. 이때 젖은 바가지로 쌀을 퍼내게 되면 바가지 표면에 있던 물방울이 포대 안으로 떨어져서 쌀이 물에 젖어 쌀이 상하는 경우가 생길 수가 있었다. 또 플라스틱 함지에 쌀을 부어놓고 쌀통 대용으로 사용하는 경우도 있다. 너무 알뜰하게 사용한 나머지 플라스틱 쌀통 밑창이 닳아 헤져서 물이 스민 경우가 있다. 얼핏 보면 멀쩡하게 보여서 얼른 알아보기 어렵다.

내가 얼마나 철저한 장사꾼인데 곰팡이 슨 쌀을 내보내겠는가? 속으로 코웃음을 쳤다.

– 지들이 잘못해놓고 나를 탓하다니. 나를 뭘로 보고! 같이 장사하는 사람끼리 이럴 수가 있나!

하고 몹시 불쾌해하지 않을 수 없었다.

바로 식당으로 달려가서 쌀포대를 살폈다. 쌀 아래 부분 실밥 부분을 경계로 포대 안쪽에 곰팡이가 붙어 있었다. 오호라! 이것 봐라. 내 생각이 맞았지? 식당 바닥에 물이 흘러서 쌀포대가 젖어 곰팡이가 생겼군.

식당에서 포대 관리를 잘못해서 물이 튄 것이라고 항변했다. 내가 하도 강하게 항변하니 식당 사장님도 그런가 하고 내게 사과를 했다.

그런데 며칠 뒤 다른 거래처에서도 똑같은 문제로 전화가 왔다. 이번에는 쌀포대 한쪽 면 전체가 상해 있었다. 이상하다? 이럴 리가?

앗! 나중에 알고 보니 잘못은 우리 쪽에 있었다.

쌀은 미곡처리장에서 바로 전날 도정해서 트럭에 싣는다. 트럭 업자의 일정에 따라 다음 날 새벽에 부산으로 출발한다. 오후 늦게 도정 작업을 마치고 출발하기 전까지 얇은 천막이 덮인 채 트럭에 실려 있다. 노상에서 밤을 새운 트럭에서 문제가 생긴 것이다.

쌀을 막 도정하고 나면 제법 뜨끈할 정도로 열이 난다. 채 식지 않은 쌀이 쌀포대에 담겨 있다 보니 새벽녘 기온차로 트럭을 덮고 있던 천막 아래쪽으로 습기가 생겨서 물방울이 맺힌 것이다. 이 물방울들이 종이로 된 쌀포대를 적신 것이다. 물에 젖은 포대 안쪽에 있던 쌀이 습기에 손상을 입은 것은 당연한 일이다. 이것을 모르고 포대 겉면이 말라서 보기에만 멀쩡했던 쌀들이 팔려나갔던 것이다.

식당 사장님께 멋쩍게 사과를 드리고 굽신거려야 했다. 쌀을 몇 됫박 더 드렸다. 체면을 구긴 것이다. 윽, 뒷골이 아프다.

아주 억울한 경우가 있을 때도 있기는 하다. 사연은 이렇다.

아마 학교는 겨울방학이 한창이었을 거다. 아침 무렵에 배달을 갔다. 고등학생쯤 되는 여자 아이가 쌀을 받았다. 다음날 전화가 왔다. 배달 갔던 집 아주머니인데 무슨 일인지 대뜸 화부터 벌컥 내었다.

말인즉, 쌀 배달을 주문한 아주머니는 오전에 학원 가야 하는 딸에게 쌀을 받으라 해놓고 출근했다고 한다. 딸은 학원에 갈 시간인데도 엄마를 위하여 밥을 해놓고 학원에 갔다.

엄마가 저녁 늦게 퇴근했다. 그런데 전기밥솥을 열어보니 밥이 밥솥 바닥에 눌러 굳어져 떡이 져 있더라는 거다. 아주머니는 쌀에 문제가 있는 것으로 생각하고 화가 단단히 나서 어떻게 이런 쌀을 가져다줄 수 있느냐? 당장 쌀을 가져가고 돈을 물어달라고 노발대발했다. 상대가 밑도 끝도 없이 화를 내니 성질이 괄괄한 나도 맞설 수밖에 없었다. 그럴 리가 없다. 클레임이 일절 없는 쌀이라고 항변했다.

그러나 어쩌랴? 할 수 없이 쌀을 도로 가져왔다. 집에 와서 밥을 해보니 고슬고슬하니 좋기만 했다. 원인을 알 수가 없었다. 아내가 말했다.

– 혹시 어린 딸이 잘 몰라서 스위치만 '취사'로 눌러놓고 바로 학원에 가버린 것 아닐까?

지금 생각해보면 그런 것 같기도 하다. 밥을 하고 난 직후에 밥통을 열고 밥을 위아래로 완전히 뒤집는다는 생각으로 잘 저어서 수증기를 날려보내야 한다. 그렇지 않으면 밥알에서 나온 전분끼리 들러붙어서 밥이 밥솥 바닥에 그대로 눌어붙게 된다. 물이 끓으면서 생긴 수증기도 그대로 밥통 안에 갇히게 되니 식감도 퍼석해진다.

살림하는 주부들에게는 상식이지만 어린 학생이 그런 것까지 확인하기는 어려웠을 것이다. 그래도 학생이 기특하다. 어머니를 도와준다고 한 일일 것이니 말이다. 마침 전기밥솥이 김을 내뿜고 있다. 곧 있으면 쿠쿠 아가씨가 알려준다.

– 쿠쿠가 맛있는 밥을 완성했습니다. 밥을 잘 저어주세요.

쿠쿠 아가씨는 마음씨도 예쁠 것 같다. 친절한 쿠쿠 아가씨가 예전에도 있었더라면 내가 욕을 먹지 않아도 되었을 거다. 사실 나도 생각해보니 장사하기 전에는 아내를 도와 밥을 해준다든지 하는 일을 해본 적이 별로 없다. 아침 일찍 출근하고 저녁 늦게 퇴근하면서 돈 벌어다 준다는 좀스런 당당함으로 살았다. 그러나 장삿길에 들면서 고생하는 아내가 가여워 보이기 시작했다. 장사하면서 사람 된 셈이다.

쌀장사를 하다 보면 난처한 경우는 또 있다. 햅쌀에서 벌레가 나오는 경우이다. 각 지역별로 나오는 첫 햅쌀은 추석이 되기 전에 출하된다. 추석 차례 상에는 햇과일, 햇벼로 찧은 햅쌀이 올라가야 하지 않는가.

그런데 추석은 절기상 입추 언저리에 걸쳐 있어 아직 더위가 가시지 않을 때라 기온이 한여름이나 다를 바 없다. 더구나 추석에 맞춰서 벼를 수확하고 도정하려면 농부들이 벼를 건조시킬 시간적인 여유가 없다.

이런 때 쌀벌레 포자들이 공중에 떠다니다가 쌀포대에 같이 들어가거나 하는 일이 생기면 큰일이다. 정미소에서 아무리 청결을 유지한다고 해도 눈에 안 보이는 쌀벌레 알을 완벽하게 없애기는 불가능하지 않겠는가. 쌀벌레는 기온이나 습도가 부화에 알맞으면 스스로 깨어나는데 일주일이면 충분하다. 곧 고물고물 꼼지락거리는 것들이 눈에 보인다.

손님 입장에서는 햅쌀이라고 사 왔는데 벌레가 나오면 기겁을 할 것이 당연한 일이다. 그러면 묵은쌀을 햅쌀로 속여 판 파렴치한 장사꾼이 되는 것은 한순간이다. 이것보다 난처하기 짝이 없는 일이다.

사기꾼으로 몰리는 일은 또 있다.

우리 가게가 마음에 든 며느리가 어머니 댁에 쌀을 보내드렸는데 어쩐 일로 항의가 들어오는 일도 있다. 쌀이 안 좋아서 어머니한테 면목 없는 며느리가 됐다는 거다. 쌀이란 것이 벽돌처럼 공장에서 찍어내는 것이 아니다 보니 파는 사람도 모르게 품질이 나빠지는 경우가 있다. 벼 원료를 대량으로 구입하다 보면 산지 정미소 사장도 모르는 경우가 실제로 있다. 이럴 때는 아닌 말로 환장한다.

오늘 낮에도 영덕항 사장님한테서 전화가 왔다. 왜 이렇게 쌀을 흘려놨냐고 하신다. 오늘 새벽 배송 길에 쌀통에 쌀을 부어드리고 왔는데 좀 흘렸나 보다.

－ 네네, 죄송합니다.

장사꾼은 식당에서 전화가 오면 무조건 네~네~ 한다. 특히나 요즘처럼 문자나 카톡으로 주문하는 세상에 사장님들이 직접 음성으로 전화해 올 때는 나도 모르게 움찔한다. 혹시 무슨 일이 잘못되었나 싶은 마음에서다.

어쨌든 사람은 무조건 겸손하고 볼 일이다.

너는 사장님인데 나는 왜 아저씨야
– 쌀장사인 나도 사장님 식구입니다

오후 해가 아직 남았는데 배달이 끝나버리는 때가 있다. 이럴 때 마음이 편안한 식당에 불쑥 들려서 잠시 앉아 있기도 한다. 장사를 한 지 오래되고, 서로 거래한 지 오래되면 이런 점이 좋다. 아무 때고 불쑥 들려도 좋다.

– 무슨 일이지?

이렇게 말하지 않는다. 오든지 가든지 별 신경을 쓰지 않는다.

아무 말 없이 신문을 보다 보면 사장님도 같이 앉는다. 서로 이야기하다 보면 늘 옛날이야기를 하게 된다. 힘들었던 장사 이야기, 아이들 공부시킬 때 이야기 등이 대부분이다. 지나간 이야기를 듣다 보면 해지는 줄 모른다. 사장님들도 지나간 청춘이 그리운 것이다.

나보고 물을 때가 있다. 처음 장사 시작하고 제일 힘들었던 게 뭐였냐는 것이다.

– 그게 뭐였지? 음….

장사 처음 시작하고 며칠 안 되었을 때 가장 견디기 힘들었던 것은 매출 증대나 원가 분석 따위와 같은 장사꾼으로서의 능력이 아니었다. 그것은 터무니없게도 장사꾼이라는 사회적 신분이 주는 자괴감이었다. 바닥으로 떨어진 나의 신분이 스스로 받아들여지지가 않았다는 것이다. 장사가 되고 안 되고 하는 것은 아무 문제가 아니었다. 쌀을 들고 식당에 갔을 때 식당 이모들은 으레 "아저씨!" 하고 부른다.

— 아저씨?

아저씨라는 말은 지나가는 남자를 부르는 보통 말이거나 자기보다 아래로 생각되는 사람에게 그냥 하대(下待)로 부르는 말이 아닌가. 어떻게 들으면 '어이'나 '야'로 들린다.

직장생활을 할 때는 무슨무슨 주임님, 과장님하고 서로 존칭을 하지 않는가. 하다못해 무슨무슨 씨라고 한다. 그런데 내가 펑퍼짐한 자신들에게 공손하고 예의 바르게 "이모님" 하고 대하는데 대놓고 아저씨라니! 그것도 불손하고 앙칼지기 짝이 없는 목소리로 말이다. 아저씨라는 세 음절로 된 낱말은 내가 일개 장사꾼으로 신분이 바뀌었다는 것을 확인시켜준 섬뜩한 호칭이었다. 물론 지금은 그때의 마음가짐과는 다르다. 손님들이 아저씨라 부르건 삼촌이라 부르건 불러주시면 좋다. 나의 본업은 쌀집 아저씨일 뿐이다.

사업의 세계는 '갑'과 '을'의 관계가 맺어진다. 보통 거래의 주도권을 쥔 사람이 '갑'이 된다. 식당에 납품을 하는 사람의 입장에서 보면 식당 대표들이 '갑'이다. 그런데 식당을 출입해보면 '갑'의 입장인 식당 대표들이 '을'인 납품 업자를 대할 때 매우 예의 바른 모습을 보이는 분들이 있다.

보통 식당 한 곳에는 수많은 납품 업자들이 얽혀 있다.

가스 업체나 물수건처럼 단순 품목은 납품업자 한 사람이 맡는 경우다. 쌈장, 간장 같은 식품이나 종이컵, 냅킨, 비닐 등 소모품 자재는 두세 군데 이상 납품업자와 거래하는 경우가 많다. 고기 종류도 생선 같은 수산물이나 돼지고기 같은 축산물을 취급하는 사람이 따로 구분되어 있다. 한 업체에서 어류와 육류를 같이 납품할 수는 없다. 서로 분야가 다르기 때문이다. 쌀의 경우에도 식자재 업체에서 일괄 주문하는 사장님들이 있는 반면에 꼭 나 같은 쌀 전문점을 고집하시는 분들도 계신다.

식당에 납품을 하는 업체 중에는 별도의 점포도 없이 장사하는 아주 영세한 업체도 더러 있다. 식당 대표의 입장에서 볼 때 조족지혈의 규모와 같은 납품업자도 있는 것이다. 그러나 매사 예의 바르고 공손한 자세를 보이는 식당 사장님들은 상대의 사업 규모를 따지지 않는다. 거래처 대표들에게 늘 얌전한 목소리로 대한다. 상대방을 부를 때 늘 "사장님" 하고 깍듯이 호칭한다. 그러면 나도 더 공손하게 대할 수밖에 없다. 상대를 높임으로써 내가 존중받는다는 것을 아시는 분이다.

이런 식당을 가보면 일하는 이모님들도 납품 업체 대표들에게 예의 바르게 대한다. 사장님을 보고 배우기 때문이다. 사장들이 공손하지 못하면 일하는 이모들도 공손하지 못하다. 거의 대부분 그렇다.

요즘은 나이 젊은 사장님들이 많다. 기성세대들은 무턱대고 요즘 젊은 것들은 버릇이 없다느니 고생을 모른다느니 하는데 내가 보기에는 전혀 그렇지 않다. 담배꽁초를 함부로 버리는 사람들도 나이 지긋한 노인들이 많고 교통신호를 무시하고 불쑥 나타나는 사람도 젊은이보다는 노인들이 더 많다.

젊은 사장들이 나이는 어리지만 시민의식이 몸에 배어 있고 대인관계에서도 더 예의 바르다. 고생도 어른들만큼 하고 지냈다. 대학 시절부터 각종 알바로 단련되어 있다. 오죽하면 나는 알바로 세상을 배웠다는 청년의 책도 있다. 이런 청년들에게는 뭐라도 하나 더 주고 싶다.

식당을 경영하든, 다른 자영업을 하든 물건 납품하는 사람과는 한 가족이라는 것을 알아야 한다. 물건을 납품하는 사람들에게 잘 보일수록 도움이 된다는 것을 알아야 한다.

독자들도 식당에 밥 먹으러 가서 홀에서 서빙하는 직원들에게 대충

─ 저기요~! 어이~!

하지 마시라.

서빙하는 분이 아르바이트 임시 직원으로 보이더라도,

─ 사장님!

─ 이모님!

하고 공손하게들 부르시라.

뭐라도 하나 더 빨리, 더 많이 얻어 드신다.

영화 〈친구 2〉에서 유오성이 김우빈에게 말한다.

유오성: 건달들한테 행님, 동생이 와 생기노?

김우빈: 예?

유오성: 같이 배고프고, 같이 엉엉 울어도 보고, 같이 죽을 뻔하고, 같이 도망 댕기고,…. 그래야 행님, 동생, 식구가 되는 기라. 돈만 준다고 되는 게 아이고!

나는 이렇게 말한다.

－ 사장님 식당이 잘 운영되도록 비 오는 날 비 맞고, 태풍 오는 날 바람 맞고, 더우면 더운 대로, 추우면 추운 대로 허겁지겁 뛰어다니는데, 우리도 사장님 식구인기라예.

인생은 허허실실이야!
- 얼굴 빨개져서 대들지 마

　자영업자들의 입장은 복잡하다. 우리는 물건을 파는 사람일 수도 있고, 때로는 물건을 사는 사람이 될 수도 있다. 복잡한 거래 관계에서 최고의 목표는 당연히 고객 만족이다. 그래서 어떤 기업은 100% 고객 만족을 방침으로 내세우면서 제품이 불만족스럽다면, 그 이유가 무엇이든 전액 환불하겠다고 공약하는 기업도 있다. 이 방법은 언뜻 보기에는 비용이 많이 들 것 같지만 꼭 그렇지만은 않다고 한다.

　『사장님이 문제였어』의 브라이언 조이너 박사가 소개하는 고객 응대 사례를 보자.

　제품에 불만이 있는 고객이 환불을 요구하기 위해 고객센터에 항의 전화를 한 사례다. 성난 고객은 환불에 대한 이유를 완벽하게 준비해서 장황하게 설명했다.

　그런데 상담요원이 즉각 시원스레 사과하고 잘못을 인정하는 것이다. 상담자의 시원한 사과에 당황한 고객은 오히려 왜 그러한 문제가 생겼는지에 대해 보다 자세히 설명하고 환불까지는 하지 않아도 된다고 한 발물러선다는 것이다. 고객과 적이 되기보다 파트너가 된 것이다.

제일 피해야 할 것은 고객에게 건성으로 환불해주는 것이다. 환불해주기는 했으나 상품에 관한 정보를 얻으려고도 하지 않고, 개선하거나 예방책을 찾으려고 하지도 않을 때 고객을 더욱 화나게 만든다는 것이다.

실제로 서비스에 문제를 느낀 사람 가운데 불만을 제기해서 만족스럽게 해결되면 다시 그 제품을 구매한다고 대답한 사람이 70%나 된다는 것이다.

나 역시 한낱 장사꾼일 뿐 영농 정책을 연구하는 사람도 아니고, 수십 년 농사를 지어온 사람이 아니다. 식당 사장님들이 쌀 품질에 대해 클레임을 제기해오면 우선 불편하시면 교환을 먼저 권한다. 그러면 대부분의 사장님들이 한 번 더 신경 써서 밥을 해보겠노라고 하신다. 손님이 클레임을 제기했을 때 쌀집 사장의 응대하는 모습이나 사후관리에 임하는 예의 바른 자세를 원하는 것일 때가 많다. 다 같은 소규모 자영업자의 사정을 이해하시는 것이다.

고객에게 제품은 가치 만족을 위한 복합체이다. 제품 그 자체가 제품의 본질은 아니다. 손님들은 무조건 싼 가격이나 완벽한 품질을 원하는 것이 아닐 수도 있다.

우리 가게에는 '단군의 맛'이라는 국내산 김치 브랜드가 있다. 김치 장사 역시 쌀장사처럼 애로 사항이 한두 가지가 아니다. 우선 식당에서 원하는 숙성도가 너무 다양해서 곤란할 때가 많다. 어떤 사장님은 무조건 갓 담은 김치를 달라고 한다. 반면에 좀 익은 김치를 좋아하는 사장님도 계신다.

무조건 갓 담은 김치를 원하는 사장님들한테는 내가 미리 알아서 가능한 최근에 입고된 김치를 갖다 드린다. 그런데도 익었다고 항의하시는 분들이 계신다. 신선한 김치를 드리기 위해서 나름대로 최선을 다하고 있지만 사장님들이 보기에 성에 차지 않는 것이다.

어떻게 해야 내 마음을 알아주겠는가? 그래서 특별히 그런 사장님들께는 김치 박스에 따로 사장님들의 상호를 인쇄해서 스티커를 붙여서 간다. 특별히 신경 쓰고 있음을 알려드리는 것이다. 쬐끔이라도 알아주시기를 바라는 마음에서다. 사장님들은 사장님 상호가 찍힌 스티커를 보고서야 성에 안 차지만 조금은 만족해주신다.

장사 초기 거래처 중 꽤 유명한 정형외과 병원이 있었다. 정형외과 하나뿐인 의원급 병원인데도 입원 환자가 많았고 입원 환자를 위한 급식팀도 운영하고 있었다. 그곳에 쌀을 납품하게 되었다.

원장님의 부인 되시는 분이 급식팀 주방에 가끔 들리셨다. 상당한 미인이시라 눈길이 절로 갔다. 하지만 말투가 똑똑 부러지는 것이 저절로 경계심이 생겼다.

– 음…. 조심해야겠군. 흠을 잡히지 말아야지.

쌀을 옮기고 있는 나를 보더니 아주 예의 바른 자세로 부탁했다. 앞으로 쌀을 들일 때마다 쌀 한 포에 검정 쌀을 1되씩 달라는 것이었다. '내가 이만큼 샀으니까 하나 더 줄 거지?' 하고 봉지에 담아버리는 격이다.

– 윽, 뒷골!

세상 물정을 모르는 어이가 없는 요구였다. 쌀 한포에 2~3천 원씩 이문이 생기는데, 1되에 7~8천 원씩 하는 검정 쌀을 어떻게 끼워주나?

나는 특유의 논리적인 자세로 최상의 예의를 갖춰서 설명했다. 나 역시 똑 부러지는 말투로 치면 둘째 가라면 서러운 사람이 아닌가.

– 쌀 한 포에 원가가 얼마이고, 쌀 한 포를 팔면 이문이 얼마나 남고.

– 여기다 검정 쌀 한 되를 덤으로 주고 나면 나는 얼마를 밑지고….

– 검정 쌀을 드리고 싶어도 못 드리는 저의 입장을 이해해주셔야 하고….

주저리주저리 설명했다.

미모의 사모님 얼굴이 홍당무처럼 되었다. 정형외과에서 주문이 끊어진 것은 당연하고. 그 이후 조그맣던 그 정형외과는 명의로 소문이 나서 입원실이 몇 백 개가 넘고 어쩌고 하는 아주 어마어마하게 높은 빌딩을 지어서 정형외과 전문 병원으로 새로 탄생했다. 음…. 마음이 쓰리군!

이런 이야기를 아는 형님께 했다.

– 그냥 알아보겠다고 하면 되지 무얼 그렇게 진지하게 설명까지 했더노?

– 음…. 그렇군. 허허실실 작전이군.

아주 혹독한 시련을 겪은 나의 응대법은 능글능글한 고수(?)로 거듭나
게 되었다. 나는 일취월장했다.

재송동에 새로 개업한 식당이 있었다. 주차장이 딸린 제법 규모가 큰 2
층짜리 고깃집이었다. 새로 건축된 건물에 신장개업을 했으니 소위 개업
빨로 두세 달은 엄청 바빴다. 당연히 사장님의 어깨도 으쓱 올라갔다.

우연히 사장님을 홀에서 만났다.

– 어이, 쌀 사장.

사장님의 목소리가 한껏 부풀었다.

– 요즘 마트에 가보니까 여러 가지 잡곡이 섞인 영양쌀이 많이 나와
있던데 사장 집에도 그런 거 있나?

대충 장사에 이력이 붙은 나는 '통밥'이 굴려진다.

– 예, 있습니다.

– 다음에 올 때 좀 가져와보지? 맛 좀 보게.

나는 시원하게 대답했다.

– 예, 의논해보겠습니다.

일주일 뒤에 또 사장님을 만났다.

– 사장, 거 잡곡 어떻게 됐노?

– 예, 알아보겠습니다.

여전히 대답은 시원시원하다.

보름 뒤에 또 사장님은 말씀하셨다.

– 사장, 잡곡 좀 안 가져오나? 맛 좀 볼라다가 숨 넘어 가겠다.

– 예, 연구해보겠습니다.

나는 여전히 해맑다.

이렇게 몇 번 하고 나면 사장님은 더 이상 안 물어보신다. 무리한 부탁이란 것을 처음부터 알고 계신 것이다. 꼭 뭘 달라는 것이 아니라 그냥 반응을 보는 것이다. 고객의 다소 무리한 요구에도 시원하게 반응하자. 얼굴이 벌개져서 논리로 치받는 것보다 허허실실 작전이 최고다.

고객의 마음을 다치게 하면 어떤 것으로도 돌려놓을 수가 없다.

직원을 잘 모셔야!
– 앓느니 내가 한다? 직원을 망친다

뉴스를 보면 불법으로 첨단기술을 외국에 팔아먹는 주범은 바로 그 회사 직원인 경우가 많다. 신문에 나오는 큰 회사뿐 아니라 영세 자영업의 세계도 마찬가지다. 내가 일하는 업계에서도 근무하던 직원이 사장에게 앙심을 품고 경쟁 업체로 가서 일하는 경우를 심심찮게 본다. 회사를 위해서 일하던 직원이 사장의 처우에 불만을 품고 적이 된 것이다.

직원들이 회사에 불만을 품는 가장 큰 이유는 자기 존재감의 부정이다. 무슨 일을 맡길 때 일일이 이렇게 저렇게 세세한 지시를 하는 사장님들을 본다. 한번 일이 틀어지면 모든 과정에서 많은 시간을 허비해야 하기 때문에 직원들이 시행착오를 하지 않도록 하기 위해서 미리 일러두는 말일 수도 있다.

그러나 그렇게 일일이 세세하게 지침을 내리면 직원들은 미리부터 스스로 생각하지 않는다. 사장이 내린 지시대로 접근하지 않으면 이런저런 귀찮은 잔소리를 들어야 하기 때문이다. 또 자신의 의견이 묵살되기 쉽다는 것을 경험으로 알고 있다. 때문에 싫든 좋든 새로운 생각을 말하지 않는다. 말해봐야 돌아오는 건 이런 타박뿐이다.

- 그런 건 내가 다 해봤어!

거래처에서 무언가를 보고 와서 거래처에서 생긴 일들이나 이런저런 아이디어를 사장에게 자유롭게 말할 수 있어야 한다. 나는 내가 친하게 지내는 어떤 사장이 그런 건 니가 말 안 해도 내가 다 해본 거라는 식으로 직원을 타박 주기까지 하는 것을 보고 경악했다. 평소에 그럴 분이 아닌데 가족보다 더 오래 시간을 함께 보내는 직원을 그렇게 무시하는 것을 보고 놀라지 않을 수 없었다. 그 직원은 결국 다니던 직장을 그만두었다. 지금은 경쟁 업체에서 전에 같이 일하던 사장을 헐뜯기에 바쁘다.

사장은 직원의 말이 아무리 소견 짧아 보이더라도 성심껏 들어주어야 한다. 그래야 직원이 느끼는 존재감이 상승하고 더욱 능동적인 생각을 하는 직원으로 거듭날 수가 있다. 직원을 잘 모셔야 한다.

사람은 팔공산에 걸려 넘어지는 것이 아니라 작은 돌부리에 걸려 넘어진다.

거래 업체에 가면 같이 일하는 직원들과도 친분이 맺어진다. 어떤 직원들은 이십 년 넘는 세월을 사장님과 같이 해온 분도 계신다. 현산통상의 부장님은 내가 장사 일을 처음 시작할 때부터 근무하고 계셨는데, 지금도 열심히 근무하고 계신다. 내가 사업자가 된 지 20년이 넘었으니 그부장님은 어린 나이에 현산통상에 입사해서 사장님과 함께 청춘을 같이 한 것이다. 직원들이 오래 같이 일하는 곳은 직원이나 사장님이나 서로를 배려하는 마음 없이는 불가능할 것이다.

사실 고만고만한 수준의 임금과 근로 조건에, 대부분 몸을 이용해서 노동을 하는 곳이니 무슨 애착이 있겠는가. 뭔가 불만이 있으면 대화를 통해서 해결해보려는 노력보다는 당장 그만두기부터 하는 것이 개인 사업체들의 근로 현실이다. 어제 퇴근하고 오늘 당장 아무런 통지 없이 안 나와버리기 일쑤다. 몸으로 때우는 인부를 구하는 구인광고는 흘러넘친다. 쉽게 들어갔다가 쉽게 그만두는 악순환이다.

직원 이모들 4~5명과 같이 일하는 쌈밥집 사장님은 거의 쉴 수가 없다고 한다. 이모들이 결근하는 날을 대비해서 다른 사람을 투입해야 하는데 갑자기 사람을 구할 수가 없으니 사장인 자신이 대신 일을 하는 것이다. 이곳저곳 두서없이 투입되어서 일을 해야 하니 자동적으로 주방 일과 서빙 모두 달인이 된다는 말씀이다.

직원들이 1~2년 새 자주 바뀌는 업체의 사장님들을 유심히 살펴보면 대부분 성질이 급하시다. 처음 직원이 들어오면 일에 경험이 생길 때까지 잘 가르치고 설명해줘야 하는 시기가 있다. 직원이 일정 수준이 될 때까지 일이 좀 더디게 진행되더라도 가만히 살펴보고 기다려줘야 하는데 이걸 못 참는 거다. 앓느니 내가 한다는 식이다.

직원에게 일을 맡기면 너무 많은 시간이 걸려서 사장이 직접 해버린다. 이것저것 설명하고 가르치고 하려니 너무 답답하고, 혹시 직원이 실수라도 해서 기껏 해놓은 일을 처음부터 다시 하느니 처음부터 내가 직접 하는 것이 속 편한 것이다.

직원이 배달을 갔다가 업소에서 어떤 이야기를 듣고 회사에 돌아와서 진지하게 자신의 생각을 이야기할 때가 있다. 그런데 다 듣기도 전에 자네가 말 안 해도 그런 건 다 알고 있다는 식으로 말하는 사장이 있다. 그런 것은 사장이 다 해봤다는데 뭘 어쩌랴.

이런 자세는 직원을 바보로 만들어버린다. 직원이 다른 생각을 못 하게 만들어버린다. 직원을 수동적으로 만들어버린다. 직원이 창의적 생각을 못하게 만든다. 1968년 프레드릭 하즈버그 교수는 직원들의 창의적 사고를 위한 최고 요소는 인정과 성취라고 했다.

회사에서도 유능한 관리자는 신입사원이 거듭 실수를 해도 참고 기다릴 줄 안다. 일은 좀 못 해도 좋다. 천천히 기다려야 한다. 사장님들의 리더십을 업그레이드시켜야 한다.

소통은 힘들어
– 거래와 우정 사이

동래구 국수집 대표님의 전화를 받았다. 지인 중 한 분의 부탁으로 쌀 구매처를 옮겨야 한다는 취지였다.

잠시 서운했다. 7~8년 넘게 쌀을 납품해오던 거래처가 아닌가.

병가(兵家)에 이기고 지는 일이 항상 있는 일이듯이 장사꾼에게도 거래가 끊어지고 다시 이어지고 하는 일은 늘 있는 일이다. 그러나 아무리 이문을 위해 일하는 장사꾼이라 하나 7년여 세월 동안 맺어왔던 관계가 아무렇지도 않을 수 있겠는가. 가격 때문인지 품질 때문인지가 궁금했지만 더 묻지 않았다.

우리처럼 식당에 재료를 납품하는 사람들은 비가 오나 눈이 오나 주문 다음 날 반드시 쌀을 배송한다. 비에 맞아서 내 옷이 젖는 것은 괜찮지만 쌀포대가 비에 젖으면 안 된다. 비옷을 둘러쓰고 쌀포대가 비에 젖지 않도록 비닐로 감싸고 쌀을 날랐다. 그렇게 고생한 나 자신의 고군분투가 잠시 처량해질 때가 솔직히 있다.

거래를 끊을 때는 그 이유를 알고 싶은 것이 제일 솔직한 마음이다. 그동안 실무자들로부터 쌀 품질에 대한 아무런 클레임이 없었던 경우는 가격 부분이 제일 큰 요인일 것이다. 특히 요즘처럼 쌀 가격이 꾸준히 내리고 있을 때는 앞으로 더 내려갈 것을 예측한 쌀 도매상들이 아예 손해를 감수하고 미리 더 낮은 가격을 제시하는 수도 있다. 그러면 구매자 입장에서는 어? 그동안 내가 쌀을 비싸게 사왔나? 하는 의구심이 들기도 할 것이다. 또는 그동안 바가지를 써왔다고 생각할 수도 있을 것이다.

식당 사장님들은 그 이유를 절대로 말하지 않는다는 것이 그동안 내 경험이다. 국수집 사장님처럼 전화라도 한 통 해주시는 분들은 그래도 경우가 있으신 분이다. 보통은 쓰다 달다 말이 없이 어느 날부터 연락이 없는 경우가 태반이다.

국수집 사장님께는 그동안 감사했다고 선선히 말씀드렸다. 거래의 칼자루는 전적으로 거래처 대표가 쥐고 있다. 숙명이라 받아들이고 더 친절하고 겸손한 마음으로 업에 임할 따름이다.

잊을 수 없는 오래된 거래처로 '또랑돼지국밥'이 있다. 부산 동래구 안락로터리 서원시장 근처에 있었다. 가게 앞에 또랑이 있다고 해서 또랑돼지국밥이라 불리게 되었다. 내가 2001년에 쌀집을 갓 열고 난 직후부터 2020년 사장님이 식당을 은퇴하실 때까지 쌀은 행복한쌀창고만을 이용해주신 고마운 분이시다.

또랑돼지국밥은 점심시간이 따로 없었다. 국밥집은 아침 일찍부터 늘 손님들로 만원이었다. 일반 식당에서 상상할 수 없는 양의 쌀이 소비되었다. 나에게는 큰 힘이 되었다.

쌀집을 연 지 5~6년이 흘렀는데도 내가 취급하던 쌀의 품질이 고르지 못한 적이 있었다. 도매상에서 공급해주는 대로 쌀을 받다 보니 쌀이 생산된 정미소도, 브랜드 이름도 계속 바뀌었다. 우리 가게를 대표하는 브랜드가 없으니 신뢰가 쌓일 수 없었다.

어느 날 또랑돼지국밥 사장님이 나를 사장님이 살고 계신 아파트로 불렀다. 사장님은 두 그릇의 밥을 내놓았다. 하나는 우리 가게 쌀로 한 밥이고, 하나는 국밥집 옆 재래시장에서 가져온 쌀로 밥을 했다는 거였다.

밥맛을 보았다.

- 음, 확실히 좋군!

다른 쌀집 쌀로 한 밥이 말이다.

탱글하면서 쫀득하게 씹히는 조직감, 구수한 향기, 혀끝에 감도는 단맛이 우리 가게 쌀보다 월등히 나았다.

- 하 군아. 니한테 쌀을 대주는 사람이 형님뻘 되는 사람이라 캤더나? 사업은 니가 하는 거지, 형님이 하는 기 아이다.

정확한 지적이었다. 할 말이 없었다. 마음이 아팠다.

또랑돼지국밥은 인근에서 소문난 맛집이었다. 주변 쌀집들에서 눈독을 들이는 곳이다. 누구든 쌀을 넣고 싶어 하는 곳이었다. 사장님은 마음만 먹으면 언제든지 나보다 훨씬 싼 가격에 좋은 쌀을 받을 수 있었다. 사장님은 나를 특별히 배려했던 것이다. 또랑돼지국밥 사장님의 냉정한 조언은 산지 정미소를 찾아다닌 계기가 되었다.

반대의 경우도 있다. 첫 방문을 해보면 왠지 모르게 거래가 오래가지 않을 것 같은 느낌이 들 때가 있다. 첫 만남인데 지나친 호감을 보이는 경우다. 우리 집 쌀이 그동안 거래해 온 쌀집에 비해서 가격도 싸고 품질도 좋더라는 것이다. 이 정도 가격이면 계속 거래하겠노라고 장담을 한다. 자신이 그동안 쌀을 비싸게 써왔다고 전에 이용하던 쌀집에 대해 험담도 같이 늘어놓는다. 이런 분들은 조금 싼 가격의 안내지를 보면 바로 다른 쌀집으로 옮긴다.

참으로 많은 식당 사장님들이 거래처라는 이름으로 거쳐갔다. 전산에 남아 있는 거래처 정보를 보면 나도 놀란다. 그러나 모두 지난날의 죽은 정보일 뿐이다.

장사를 하다 보면 마음을 표현할 친구를 만들기가 참 어렵다. 식당 주인은 아무리 오래 관계를 맺어 왔더라도 어디까지나 거래처 사장일 뿐이다. 국수집 사장님의 전화를 받고 장사꾼으로서의 사귐에서 그 한계가 어디인지 다시 궁금해진다.

유명 인사들이 쓴 자기 계발 서적들을 보면 거래가 계속되는 동안 인간적인 우정이 쌓여 형제보다 더 끈끈한 인연을 맺게 되었다고 하는 이야기를 자주 본다. 더욱이 그 거래처에서 어마어마하게 큰 거래처를 소개해주어 크게 성공하는 계기가 되었다는 드라마 같은 이야기를 들을 때면 나에게 무슨 큰 인간적인 결함이라도 있는가 싶어 큰 상실감마저 들 때도 있다.

장사꾼의 관계도 사람과 사람 사이의 일이니 특별한 우정을 느낄 수도 있다. 그러나 대개의 경우 아주 뜬금없는 이야기일 뿐이다.

거래는 거래일 뿐 우정이 아니다. 거래와 우정 사이, 장사꾼의 고민이다.

사장님, 당신이 문제였어

기업은 성장하면서 필수적으로 위기를 맞게 된다. 케빈 케네디와 메리 무어는 자신들의 공저, 『100년 기업의 조건』에서 진짜 위기는 환율이나 유가와 같은 외부 요인이 아니라 지속적인 혁신의 실패나 학습 역량의 상실 같은 내부 요인에서 비롯된다고 말한다. 위대한 기업과 그렇지 않은 기업의 차이는 이런 필수적인 위기에 어떻게 대처하느냐에 달려 있다는 것이다.

위기는 모두에게 각각 다른 형태로, 다른 방법으로 온다. 극복하면 위기의 공통점과 실체를 어렴풋하게 찾을 수 있지만 막상 닥쳐올 때는 뭐가 뭔지 구별하기 힘들다는 것도 위기가 지닌 묘한 공통점이다.

1인 영세 자영업자들의 경우 대부분의 위기는 바로 사장 자신인 경우가 대부분이다. 특히 대외적으로 신뢰를 주지 못하는 행동이나 말투는 치명적이다. 조금 느리고 답답하더라도 신뢰가 쌓이면 중요한 일을 믿고 맡기는 데 주저함이 없다. 부산 안락동의 또랑국밥 사장님은 하루 매출로 일어난 현금을 세어보지도 않고 마침 쌀 배달 온 나에게 은행에 가서 입금 좀 하고 오라고 맡긴 적도 있다.

우리나라의 한 도시는 큰 것 같아도 막상 다녀보면 참으로 좁다. 사람의 대인관계도 모두 거기서 거기다. 주위 사람들에게 진실된 신뢰를 얻다 보면 뜻하지 않은 행운이 찾아오기도 한다. 오랫동안 쌓은 신용은 다른 사람이 훔쳐갈 수도 빼앗아갈 수도 없는 성공의 필수 요건이다.

자영업자들의 뻐기고 싶은 우쭐대는 마음 또한 위험 1순위다. 요즘 조금 규모가 있다 싶은 유통업체들을 보면 주식회사 형태로 운영되는 법인을 만들어놓고 대표 누구누구 하는 것이 유행이다. 친인척 두세 명과 친구 몇 명을 끌어다 놓고 여러 직책을 만들어놓고 있다. 물론 다 그런 것은 아니다.

법인 명의로 구입한 승용차는 가족들 전용으로 이용된다. 차는 엄연히 법인 소유 재산인데 말이다. 법인카드로 가족들의 외식도 기본이다. 개인적인 살림살이에 들어가는 돈을 법인이 쓰는 용도로 둔갑시키는 불법 행위다. 어차피 나가는 돈이니 슬기롭다고 해야 하나?

법인으로 둔갑시켜서 좋은 결정적인 이점은 또 있다. 모든 상거래는 법인 명의로 이루어지기 때문에 법인이 망하더라도 나는 쪽박 찰 일이 없다는 것이다. 주식회사 아닌가. 법인에 출자한 자본금 한도에서 책임

지면 되는 것이다. 겉보기에는 뭔가 그럴 듯 하지만 속을 들여다보면 대부분 연 매출 100억 원을 넘기지 못하는 소규모 가게 수준들이다.

대한민국에서 내로라하는 기업인들도 가족회사 만들어놓고 회사 이름으로 자동차 사고, 회사 이름으로 전용 기사 두고 하다가 더러 신문에 기삿거리로 나오고 하던데, "내가 뭐 어때서?" 하는 마음인 건가?

너무 그러지들 마시라. 그래도 사람이 사는 데는 최소한의 도리가 있는 거다. 내가 보기에 이런 가짜 법인 사장들보다 트럭 한 대와 휴대전화 한 대로 정직하게 장사하는 1인 자영업자들이 훨씬 더 정정당당한 인생을 사는 분들이시다.

이것은 식당의 경우도 마찬가지다. 배송을 가보면 식당 사장님들의 말투나 행동에서 '인텔리'라는 느낌을 주려고 애쓰는 사람을 쉽게 만나볼수 있다. 배운 사람이라는 것이다.

많은 유형의 식당 사장님들과 거래를 해보았는데 오랫동안 직장생활을 하던 분들이 창업을 하면 공통적인 특색이 있다. 특히 사무직에 있던 분들이 식당에 대한 지식 없이 막연하게 체인 가맹점이 된 경우는 아주 공통된 특색이 있다.

카운터 모니터에 엑셀이 띄워져 있고, 식자재 가격 등이 입력되어 있고, 각 셀들이 파란 노랑 주황 등으로 표시되어 있다. 나의 선입견이겠지만 마치 잘 배운 인텔리라는 것을 몸소 내세우고자 하는 듯이 보인다. 몸으로 무언가를 하는 것을 극도로 싫어한다. 손님이 와도 먼저 인사하지 않는다.

법인 만들기 유행은 유통업체뿐 아니라 요식업계도 마찬가지다. 명함은 무슨무슨 체인 대표다. 이런 대표들 중에 발전해 나가는 사람을 만나지 못했다.

부가가치세는 내 돈이 아니야

막내 늦둥이 딸 앞으로 넣어둔 신협 공제금 납입이 올해 6월에 완료되었다는 통지가 왔다. 중학교에 입학하게 되면 쓸 요량으로 막내가 다섯 살인 2015년부터 7년 동안 매달 15만 원씩 납입했다. 사람들은 '애걔 겨우?' 할 것이다. 그러나 매달 부금은 적지만 내가 알뜰살뜰 모은 돈이다. 월 15만 원은 내가 특히 의미를 두는 금액이다. 뿌듯하다.

늦둥이는 내가 마흔한 살에 낳은 딸이다. 엄마가 소화불량인 듯한 느낌이 들어 병원에 갔더니 글쎄 임신이 되어 있는 것이 아닌가. 마흔하나에 다시 새로 태어난 애기 아빠가 된다니. 하늘의 축복인 듯했다.

나는 지나간 통장을 버리지 않고 모아둔다. 날짜별로 번호를 매겨서 보관하는데 서랍 한가득이다. 공과금통장, 개인저금통장, 기계 교체용 충당금통장, 집에서 무슨 일이 있을 때 임시로 쓰는 통장 등 돈은 없어도 통장 종류는 대여섯 개나 된다. 거래처로부터 직접 송금되어 오는 통장을 세무서에 등록하고 사업자용 통장으로 삼고 있다.

내가 소중하게 간직하고 있는 통장이 하나 있다. 큰딸아이가 중학교 입학할 때부터 고등학교 졸업할 때까지 6년 동안 넣기 시작한 적금통장이다.

큰딸이 중학교를 들어갔을 때 사업은 지지부진하고 세월은 흐르는데 내가 과연 딸내미를 대학교육이나 제대로 시킬 수 있는지가 걱정이었다. 대학 등록금 용도로 입학금을 포함해서 책도 사고 하려면 최소한 천만 원은 있어야 했다. 아버지로서 최소한 대학은 보내줘야 할 것 아닌가.

중학교 1학년부터 월 15만 원을 큰딸이 고등학교 졸업하기 전까지 모았다. 지금에야 말하는 부끄러운 일이었지만 월 15만 원은 벼랑 끝에 있는 내가 매달 안정적으로 만질 수 있는 돈이 아니었다. 그러나 아이의 교육 문제는 그 모든 것에 앞서 그 무엇 하고도 바꿀 수 없는 소중한 것이 아닌가.

우리 부모들은 새벽기차를 타고 푸성귀를 팔아서 자식교육을 시켰다. 그 시절 우리 부모들은 자식 교육에 대한 열정이 정말 대단했다. 오죽하면 '똥 묻은 빤츄'를 팔아서라도 아들 대학은 보낸다는 어른들끼리의 웃지 못할 술자리 다짐소리가 다 있었겠나? 나의 아버지가 그랬던 것처럼 나 역시 딸아이 교육은 나의 목숨보다 소중했다.

나중에 그 통장은 필요 없게 되긴 했다. 아이는 등록금이 필요 없었다. 용돈도 아이가 직접 아르바이트로 해결해냈다. 큰딸은 대학을 졸업하고 서울에서 야무진 직장생활을 하고 있다. 더 지나치면 어리석은 자식 자랑이 될까 봐 그만 적는다.

1천만 원이 모이고 만기가 지난 통장의 겉표지에는 '딸내미 대학등록금'이라고 뚜렷이 적혀 있다. 가끔 통장을 꺼내보고 눈물짓는다. 내가 내 가족을 지킬 수 있고 이렇게 살아 있음에 감사한다.

소규모 자영업자들이 평소에 인식하지 못하는 비용이 있다. 내가 이런 말까지 해야겠는가만 내가 알고 지내는 영세 자영업 사장님들 중에는 1년에 한 번 내는 소득세 부과대상에조차 들지 못할 정도로 영세한 경우가 생각보다 많다. 실제로 우리나라 자영업자의 절반 정도는 소득세를 한 푼도 내지 않는다.

세금에 무감각한 현실이다 보니 한 해에 두 번 내는 부가가치세조차 내 주머니의 돈인 줄로 인식하는 실정이다. 부가가치세는 최종 소비자를 대신해서 사업자가 미리 맡아놓고 있을 뿐이다. 엄연히 국가에 내야 할 남의 돈이다. 이 점을 생각하지 않고 대중없이 펑펑 쓰다가 부가세를 내야하는 달이 오면 이번 달에는 부가세를 많이 내서 쪼들린다고 하소연이다. 아, 진짜, 사장님! 쫌!

부가세 말이 나왔으니 하는 말인데, 너희 가게 쌀을 써줄 테니 세금계산서를 실제 매입보다 더 많이 발행해달라고 요청하는 식당 사장님들이 아직도 더러 계신다. 사실 이런 요구는 주차장이 딸리고 제법 규모가 있다싶은 업체일수록 더 많다.

자신들이 만들지 않은 매출을 자신들 쪽으로 발행해달고 하면 모자라는 계산서 금액은 유통업체에서 불법으로 만들라는 것인가? 이런 것들은 호랑이 담배 피던 시절에나 통하던 이야기를 지금도 하고들 계시니나 원 참 답답한 노릇이다.

MAKE
YOUR
DESTINY

3

세상이 만든
질서에서
벗어나기

땅에서 넘어진 자 땅을 딛고 일어서라
- 그래도 살아야 한다

20년 전이다. 장사한 지 일 년이 채 안 되었을 때다. 온천천 뒷길에 새로 거래하게 된 식당이 있었다. 온천천(溫泉川)은 부산 금정산에서 발원하여 금정구, 동래구, 연제구를 거쳐 수영강과 합류하는 조그만 하천이다. 부산의 핵심 상권이면서 오래된 주거 지역을 관통하는 곳이기도 하고, 봄에는 하천을 따라 심어진 오래된 벚나무들이 벚꽃을 흐드러지게 피워내는 곳이라 부산 시민들이 즐겨 찾는 곳이다.

새 거래처는 온천천 뒷길에 모여 있는 단독주택들을 상대로 장사하고 있는 조그만 식당이었다. 식당에는 테이블이 세 개밖에 없었다. 그나마 구석에 주방과 붙어 있는 한 개는 그릇이나 행주 같은 물건들이 난잡하게 올려져 있었다. 때로는 사장님이 급하게 벗어놓은 장갑이나 헬멧 같은 것들이 놓여 있기도 했다. 또 사장님이 배달을 다녀와서 잠시 쉬는 장소이기도 했고, 내외분의 식사 자리이기도 했다. 그러다 보니 세 개 중에 한 개는 손님을 받을 수가 없었다. 식당은 애초에 내방 손님을 받는 것은 계획하지 않았고 순전히 배달에 의존하는 것 같았다.

아빠에게 살갑게 구는 고등학생 딸이 하나 있었다. 인사성이 밝았다. 가족은 그런 대로 행복하게 보였다. 그러나 사장님의 얼굴은 어딘지 모르게 항상 어두웠다. 알 수 없는 고단함이 내려앉아 있었다. 깊은 수심이 가득 찬 듯 보였다. 우스갯소리를 해도 소리 없이 미소만 지을 뿐이었다.

쉰이 넘어 보이는 사장님은 어린 나이에 쌀장사를 시작한 내가 안 되어 보였는지 이것저것 물어왔다. 조곤조곤한 말투였다. 또 자신의 이야기를 자주 했다. 사장님은 부산 동아대학교 건축학과를 나왔다고 했다. 건설회사에서 오랫동안 일하다 직접 건설회사 대표가 되어 한동안 잘 나갔다고 했다. 사업상의 부침 끝에 많은 빚을 안고 친구들과 인연도 끊고 숨어 살다시피 하고 있노라고 했다. 식당일에 뜻이 없으니 사는 것이 재미가 없었을 것이다.

어느 날 쌀 배달을 하다가 식당이 있는 골목을 지나게 되었다. 그런데 사장님의 식당은 문이 닫혀 있고 식당 앞에 상중(喪中)이라는 표시가 붙어 있었다. 사모님께 전화를 해보니 사장님께서 갑자기 쓰러져서 돌아가셨다는 것이다. 나머지 이야기는 자세히 물어볼 수가 없었다.

문상을 갔다. 병원은 안락동 봉*병원이었다. 사장님은 형들이 많고 그 중에 막내라고 들었다. 그런데 상갓집 분위기가 무척 황량했다. 저녁이라 제법 붐빌 텐데 문상객이 아무도 없었다. 더구나 다음 날이 발인이었다. 그런데도 부인과 딸 이외에 아무도 보이지 않았다. 쓸쓸한 죽음이었다.

며칠 후 사모님으로부터 전화가 왔다. 식당은 문을 닫기로 했단다. 남아 있는 쌀값은 며칠 있다가 정리해서 보내준다고 했다. 미안하다고 했다.

– 우찌 된 깁니꺼?

– 삼촌아, 자세히 할 말은 아이다. 그동안 고마웠다. 삼촌아, 잘 살아라. 삼촌아.

이후 연락이 끊어졌다. 쌀값도 오지 않았다. 나도 따로 연락하지 않았다. 어디선가 잘 살고 계실 거라 생각할 뿐이다. 내가 쉰이 넘었으니 그 사모님도 칠순이 넘었을 것이다. 지금 생각해보면 그 사장님은 아마도 스스로 생을 마감하신 듯하다.

장사 일을 하면서 오래 생활하다 보면 같은 장사꾼끼리 부대끼면서 살아온 사람들의 우여곡절을 소문으로 자주 듣는다.

아버지 때부터 쌀 도매업을 해오면서 지금도 여전히 쌀 도매 시장을 주름잡고 있는 사람도 있고, 수입 김치가 처음 국내 시장에서 보급되던 초기에 일찍 그 분야에 진출해서 많은 돈을 벌고 있는 사람도 있다. 재래시장에서 고추방앗간을 하다가 우연히 옛날 과자 만드는 기계를 보고 업종을 전환해서 지금은 제법 그럴 듯한 과자 공장을 운영하고 있는 사장님도 있다.

반면에 부산 강서구 어디에 큰 건물을 짓고 유통센터를 마련했다가 크게 잘못되어 한순간에 흔적도 없이 사라진 사람도 있다. 첫머리에 이야기했던 온천천 식당 사장님처럼 스스로 생을 마감한 분도 계신다. 산다는 것이 다 그렇지만 보잘것없는 영세 자영업자의 앞날은 특히 알 수가 없다.

성격이 아주 유쾌하고 호방한 Y사장이 계신다. 알고 지낸 지가 12, 13년이 된다. 나와는 동갑이라 말은 존대하지만 스스럼없이 지낸다. 원래 이름만 대면 알 만한 유명 화장품 회사에서 영업본부장을 하면서 잘 나가던 직장인이었다고 한다.

그런데 한 초등학교 친구가 식자재 유통업이 전망이 밝으니 사업을 같이 하자고 하더란다. 2억 원을 투자했다. 전체적인 운영은 친구가 맡고 Y사장은 자금을 관리하는 방식이었다. 그런데 웬걸? Y사장은 친구에게 속아 2억 원이 넘는 돈을 날렸다.

Y사장은 사는 게 싫어져서 한동안 방황했다고 한다. 그러다 회사를 사직하고 자영업의 세계로 들어왔다. Y사장은 껍데기만 남은 업체를 혼자 운영하면서 튼튼한 가게로 만들어놓았다. 그동안의 사연이 억울할 만한데도 스스로를 책망하지 않는다.

Y사장의 어머님은 요양병원에 계신다. 내가 처음 Y사장을 만날 때부터 계셨으니 10년은 넘었다. 고충이 심할 텐데도 Y사장은 지나간 일들을 이야기하면서도 늘 즐겁다.

Y사장의 차 드렁크에는 항상 낚싯대가 실려 있다. 배송 나갔다가도 퇴근길이 막히면 아무 데나 차를 대고 낚싯대를 드리운다. 부산은 어디를 가든 바다가 있다. Y사장은 그렇게 제일 쉬운 방법으로 스스로를 위로하는 것이다.

"오늘 이런 일이 있었습니다." 하고 Y사장에게 넋두리를 할 때가 있다. Y사장은 '허허' 너털너털 웃으며 오히려 나를 위로해준다. 그런 Y사장의 이야기를 듣고 있으면 오히려 용기가 난다. Y사장에게서 힘을 얻는 것이다.

내가 여러 자영업자들의 이야기를 장황하게 하는 것은 자영업자의 삶이 이렇게 고달프다는 하소연으로 드리는 말씀이다. 자영업자의 삶은 한 치 앞을 내다볼 수가 없다. 오늘 조금 잘된다고 내일도 잘된다는 보장이 없다. 오늘 좀 잘된다고 자만하지도 말고, 좀 안 된다고 낙담할 일도 아니다. 이 고통 이 괴로움, 자영업자만이 알리….

아무리 힘들어도 이승이 낫다고 하지 않는가. 너털너털 웃으며 어깨동무하고 같이 살아가보자.

"땅에서 넘어진 자 땅을 딛고 일어나라."

– 보조국사 지눌

가다가 지치면 쉬면 된다

— 길은 외줄기, 남도 삼백리…

(전략)

가는 데까지 가거라

가다가 막히면

앉아서 쉬거라

쉬다 보면

보이리

길이

김규동의 시「해는 기울고」중에서이다.

이 시는 책에서 본 것이 아니라 부산 서면 영광도서 옆 '호호복국'에 배달을 갔다가 본 것이다. 시는 배경 그림을 바탕으로 조그만 액자에 들어 있었다. 핸드폰을 꺼내 사진을 찍었다. 가끔씩 꺼내본다.

그렇다. 가는 데까지 가보는 것이다. 가다가 지치면 쉬엄쉬엄 가면 된다. 박목월 선생이 미리 말씀해놓지 않았는가. "길은 외줄기 남도 삼백 리…." 인생길은 나그네 길이다.

전에 우리 가게에서 나를 도와 같이 일을 했던 황부장이 생각난다. 지금은 울진에서 있는 수산물 경매시장에서 경매업체 사장이 되었다. 우리 가게에서 근무하는 동안에 형님, 동생 하면서 서로 즐겁게 일했다.

어느 날 일과를 마치고 우리는 노닥노닥 우스갯소리를 하며 쉬고 있었다. 그런데 그가 갑자기 진지해졌다. TV 예능 프로그램에서 들은 한마디를 가슴에 품고 산다는 것이다. 나도 덩달아 진지해졌다.

방송인 강호동 씨가 진행하는 프로그램에 개그우먼 조혜련이 패널로 출연했다고 한다. 그때 강호동 씨가 조혜련 씨에게 "인생에는 실패란 없고 성공과 과정이 있을 뿐이다."라고 말했다는 것이다. 시간이 지나서 어느 날 그 말이 생각이 났는데 되뇔수록 매우 감동적이더라는 것이었다.

생각해보니 그렇다. 우리가 마라톤을 할 때도 포기하지만 않는다면 언젠가는 결승선을 통과할 것이다. 끝까지 달리겠다는 마음만 가지고 있다면 남보다 느릴 수는 있어도 중도에서 포기한 것은 아니다.

인생살이에서는 정해진 목표를 향해 가는 것을 과정이라고 말한다. 모든 사람들에게는 크든 작든 각자의 목표가 있다. 마음에 정한 그 무엇을 쉽게 이루어내는 사람도 있지만 또 어떤 사람들은 그것을 해내지 못해서 실패를 거듭하기도 한다. 그렇지만 그 실패는 영원히 포기해버리지 않는 한 성공으로 가는 과정일 뿐 실패가 아니라는 것이다.

이 시대 청년들을 N포 세대라고 한다. 처음에는 연애, 결혼, 출산 3가지를 포기했다고 해서 3포 세대라고 불렸다. 그런데 여기에 '집'과 '인간관계'를 더해서 5포 세대, 또 거기에 '꿈'과 '희망'까지 다 포기해서 7포 세대라 한다.

불행하게도 7포 세대가 끝이 아니다. 여기에 '건강'과 '외모'를 더해서 9포 세대라 하고, 끝내는 '삶'까지 포기하면서 숫자로 표시할 수 없는 지경이라고 해서 아예 N포 세대라 부른다. 얼마나 안타까운 일인가.

요즘에는 캥거루족이 유명하다. 이미 독립할 나이가 되었지만 경제적으로뿐 아니라 정신적으로도 부모에게 의지해서 사는 사람이라는 뜻을 가진 부정적인 말이다. 그런데 청년들의 이런 현상은 우리나라에만 있는 현상이 아닌 듯하다.

비슷하게 일본에는 사토리 세대가 있다. 사토리 세대(悟さとり 世せ代だい, 사토리 세다이)는 일본이 장기불황이 시작되던 1990년대 생으로 지금 20대나 30대 청년을 부르는 말이다.

사토리 세대들은 선배들의 실패를 보아온 세대들이다. 선배들처럼 굳이 명문 대학을 가려고 하지도 않고, 대기업만을 고집하지도 않는다. 세상 돌아가는 일들에도 별 무관심이다. 자신들이 살던 지방의 근교 도시를 벗어나지 않고 아르바이트로 생활하는 것에 만족한다고 한다.

'기생 독신'이란 말도 있다. 영어로는 'parasite single'이다. parasite(기생충, 식객)는 그리스어 parasitos에서 나온 말로, para는 "beside(옆에)", sitos는 "food(음식)"를 뜻한다. 음식 옆에 붙어 있으면서 주인과 같이 먹는다는 뜻이다.

영국에는 키퍼(kippers)가 있다. "Kids In parents' pockets eroding retirement savings."의 첫 글자를 따온 이니셜이다. 은퇴한 부모님의 퇴직저축을 축내는 젊은이라는 뜻이다. 어느 정도는 자의로 부모의 곁을 떠나지 않고 살아가려고 한다는 것이 우리나라의 캥거루족과는 조금 다르다.

요즘 우리 같은 자영업자뿐 아니라 젊은 청년들이 사는 환경이 너무 어렵다. 그런데 5포 세대니, N포 세대니 하는 현상들이 어느 날 갑자기 만들어진 것이 아니다.

지금 연애, 결혼, 출산을 포기하는 3포 세대의 출발은 내가 청년이던 20~30년 전 시절에도 있었다. 국가부도 사태를 선언하고 IMF 구제금융 협상에 대한 신청을 발표한 것이 1997년 12월 24일 아닌가. 25년 전 내

나이로 보면 벌써 스물아홉 살 때 일이다. 주변 선배나 친구들 중에서도 마흔이 넘어서 결혼했거나 아직 총각으로 계시는 분들도 제법 있다. 연애, 결혼이 늦어지는 현상들이 최근 들어 갑자기 나타난 현상이 아니라는 것이다.

앞선 세대들은 우리 청년들을 자립심이 부족하고 참을성이 없고 쉽게 포기한다고 생각한다. 그러나 왜 청년들 탓을 하는가? 지금의 현상을 만들어준 것이 기성세대들 아닌가.

식당에서 만나는 청년 사장들을 보면 우리 청년들도 지금의 윗세대만큼 현명하고 똑똑하다. 그들 나름대로 고군분투하고 있다. 젊은 청년들은 곧 우리 사회의 미래다. 그들을 믿고 응원하자.

청년들이여!

쉬엄쉬엄 가더라도 포기했다고 하지는 말자.

느릿느릿 가더라도 아예 멈추는 일이 있어서는 안 된다. 인생이란 길은 외줄기이고 삼백리나 남았다. 쉬엄쉬엄 느릿느릿 가다 보면 새 길이 보이고 같이 걸어가고 있는 다른 사람들이 보인다.

그 사람들과 함께 어깨동무하고 같이 가면 된다.

인생은 로드무비다

인생은 로드무비다. 로드무비는 주인공이 이동하는 길을 따라가며 줄거리가 전개되는 영화를 말한다. 로드무비는 여행을 떠나는 과정에서 생겨나는 사건들을 다루는데 주인공이 사건을 겪으면서 그동안에 자신을 얽매었던 것들에서 탈피하여 새로운 인생관이나 가치관에 눈뜨게 된다는 이야기를 주로 다룬다. 인생도 그렇다. 한 편의 영화처럼 한 장면이 끝나면 또 다른 사건들이 생겨난다.

이제 아이가 대학을 졸업하고 취직도 했으니 좀 편해지겠지 하고 생각한다. 그러면 다음에는 희한하게도 기다렸다는 듯이 부모님이 몸져 누우신다든지 해서 부모님 봉양에 매달려야 하는 일들이 줄줄이 생겨난다.
우리는 좀 더 나이가 들면, 좀 더 안정이 되면, 나중에는 더 행복해질 거라고 믿으면서 살아간다. 하지만 그 '좀 더'는 인생을 사는 동안 끝없이 이어진다.
영화 〈노킹 온 헤븐스 도어(Knockin' On Heaven's Door)〉가 있다. 작

가 원은정이 쓴『내 인생의 주인공으로 산다는 것』에 소개되었는데 그 내용은 이렇다.

마틴과 루디는 시한부 삶을 판정받았다. 마틴은 뇌종양 말기 환자이고 루디는 골수암 말기 환자이다. 두 사람은 같은 병실에 입원했다. 마틴은 평생 바다를 본 적이 없다는 루디를 데리고 바다로 간다. 바다는 황량했지만 장엄했다.

그들은 환자에게 치명적이라 금지되었지만 평소에 즐기던 데킬라를 마시고 담배를 피운다. 마틴은 쓰러져 죽음을 맞는다. 마틴 옆에서 그를 지켜주는 루디의 뒷모습이 오버랩된다.

병원에 있으면 의학의 힘으로 하루를 더 살 수 있지만 마틴과 루디는 스스로의 삶을 찾아 떠났다. 영화뿐 아니라 우리 시대에도 시한부 삶을 살면서 고통을 이겨내고 있는 사람들이 있다.

EBS 프로그램 중에 시한부 인생을 사는 사람들을 다룬 다큐를 본 적이 있다. 고치지 못할 병에 걸려서 시한부 삶을 판정받고 병마와 싸우는 사람들의 이야기다.

프로그램의 마지막에는 그들은 하늘나라로 떠나고 남아 있는 가족들의 이야기로 마무리된다. 세상을 떠나기 며칠 전 남편이 아내에게 기대어 하염없이 눈물을 쏟는 장면이 있었다. 다섯 살쯤 되는 남매를 둔 이름 모를 그들의 이야기를 보면서 나의 삶에 대해 생각해보고 같이 울었다.

같은 장사 일을 하던 업체 대표 중에 나와 같은 동갑으로 기장군에서 유통업체를 운영하다 유명을 달리한 친구가 있다. 힘든 가운데서도 해낼 수 있다는 굳은 의지로 큰 업체를 일궈냈던 친구였다. 많은 어려움을 겪었지만 그는 늘 밝고 쾌활했다. 2~3년 정도 짧게 사귄 친구지만 매우 인상적으로 남아 있다.

암 수술 후 치료에 전념하던 친구는 퇴원 후 완쾌되었다는 자신감으로 가득 차 보였다. 건강한 마음으로 새 출발을 다짐하고 있었다. 그런데 암이 재발한 것이었다. 전혀 예상치 못했다. 부산 백병원에 다시 입원하게 되었다. 뭔가 불길한 예감이 들어 면회를 갔다.

친구가 운명하기 일주일 전이다. 음식을 삼키는 것을 힘들어했다. 물조차 겨우 넘긴다고 했다. 유치원생들이 가지고 다니는 아주 조그마한 도시락용 반찬 그릇에 담긴 죽 한 그릇을 비우는 데 하루 종일 걸린다고 했다.

– 바쁜데 가봐야 안 되나?

나를 바라보던 그의 눈길을 잊을 수가 없다. 운명 당시에 중학생, 초등학생 아이가 둘 있었는데 어린아이들을 두고 어떻게 떠났을까 생각해볼 때가 있다. 나라면 어땠을까. 이승과 저승이 있다면 아이들을 두고 차마 떠나지 못해 아마 지금까지 구천을 떠돌고 있을 것이다.

집안의 어떤 일들을 부탁하는 아내에게 나도 모르게

– 지금 바빠!

하고 퉁명스럽게 대꾸하곤 할 때가 있다. 그런 뒤 끝에는 '가봐야 안 되나?' 하고 나를 바라보던 친구의 눈동자가 떠오른다.

우리는 지금보다 사정이 좀 더 나아지면, 나중에 언젠가는 우리도 행복해질 수 있을 것이라고 위로한다. 그러나 인생에는 행복한 결말이 보장되어 있는 일이 없다. 행복이 보장되어 있다면 누군들 힘든 고생을 마다할 사람이 있을까. 행복은 사실 바로 지금 나와 함께 있다는 것을 우리는 잘 느끼지 못한다.

마틴과 루디처럼 꿈꾸어왔던 일은 지금 당장 시작하라. 우리가 바로 곁에 있는 행복을 알아봐주지 못하면 행복은 미련 없이 떠날 뿐이다. 인생은 한편의 로드무비이다.

『멘탈의 연금술』의 저자 보도 섀퍼는 세상에 명쾌한 결과를 알려주는 일은 없다고 말하며 먼저 일에 집중하라고 설득한다. 결과를 모르는 일을 한다는 것은 두려운 일이 아니라 흥미진진한 모험이라고 주장한다.

6411번 버스라고 있습니다
– 얼굴 모르는 타인에게서도 희망을 얻는다

　"6411번 버스라고 있습니다."로 시작하는 고(故) 노회찬 의원의 명연설이 있다. 2012년 진보정의당 당 대표에 선출되면서 진행된 연설이다. 6411번 버스는 강남을 경유하는 서울 시내 노선버스인데 매일 새벽마다 버스 안에서 벌어지는 진풍경을 소개했다.

　새벽 4시.

　6411번 버스에 타고 있는 사람들은 대한민국 서울하고도 강남의 빌딩 숲 속에서 직장인들이 출근하기 전에 높고 높은 빌딩 구석구석을 청소해 놓는 청소 미화원들이다. 6411번 버스는 출발 시점부터 늘 만석인 채로 미화원들의 새벽 출근을 담당한다. 그런데도 아침 출근시간이나 낮에 버스를 이용하는 사람들은 그 누구도 새벽시간에 그렇게 많은 사람들이 같은 버스를 이용하고 있는지 모른다.

　삶에는 과연 어떠한 힘이 우리 몰래 숨어 있기에 그렇게 오랜 세월에도 매일 아침 지치지 않고 어둠을 이겨내고 일을 하게 하는 것인가? 과연 그 무엇이 우리에게 끈질긴 생명을 불어넣어 주고 있는가?

살다 보면 모르는 타인들과의 부대낌 속에서 서로서로 용기를 얻을 때가 있다. 6411번 새벽 버스를 이용하는 투명인간끼리도 같은 시각, 같은 버스를 타고 다닌다는 사실 하나만으로도 서로를 알아보고 서로서로 힘이 되어주지 않았을까.

내 고향은 서부경남으로 불리는 곳이다.

서부경남은 말 그대로 진주, 고성, 사천, 삼천포 등 경상남도의 서부 지역을 말한다. 내가 중고등학교 시절을 보냈던 1980년대 초중반의 농촌 마을은 아주 가난하지는 않았지만 그리 넉넉한 환경도 아니었다. 겨울철 비닐하우스 등 채소 작목을 하는 농가도 있었지만 대부분의 주된 작목은 쌀이었는데 쌀농사는 가을 추수철에 잠시 돈을 만져볼 뿐 사철 돈이 나올 곳이 별로 없었다.

어머니를 비롯해서 고향 마을의 아주머니들은 밭에서 나는 시금치나 상추 같은 채소류 등을 내다 팔아 돈을 만질 수 있었다. 때로는 마을 앞 들판을 가로지르는 시냇가에서 잡은 소라를 내다 팔기도 했다.

마산역 주변에 번개시장이 섰다. 새벽에 잠시 섰다가 점심 전에 파해서 번개시장이라 불린다. 이 번개시장에 마산 인근 반성, 함안, 군북 등지에서 농사지어 준비한 채소류를 팔러 오는 사람들이 모여들었다.

우리 동네 아주머니들도 밤늦도록 준비한 채소 등을 잘 마무리해놓고 다음날 마산역으로 가는 새벽 기차를 탔다.

새벽 4시.

집에서 3km쯤 떨어진 반성역까지 바리바리 싼 짐을 순전히 머리 위에 동이고 간다. 우리나라 열차 중에 비둘기호라고 있다. 비둘기호는 1984년에 비둘기호로 개명되어 2000년 11월까지 운행되었던 대한민국 철도의 최하위 등급 열차이다.

반성역에서 마산 가는 비둘기호 새벽기차를 타면 6시쯤에 마산역 앞 공터에서 잠시 열리는 장마당에 짐을 부릴 수가 있다. 오전 10시쯤까지는 반드시 물건을 다 팔아야 한다. 반성역으로 돌아오는 기차가 마산역에서 오전 10시에 출발하기 때문이다.

오전 10시쯤에 돌아오는 기차를 타면 12시 30분쯤에 다시 반성 역에 도착한다. 집까지는 다시 또 걸어야 한다. 걷고 또 걷는다.

어머니와 아주머니들은 점심 값도 아까워서 허기를 참고 집에 와서 찬 없는 점심밥을 드셨다. 그리고는 또 오후 내내 푸성귀들을 다듬어서 다음날 새벽 다시 마산역 앞 번개시장으로 나갔다.

푸성귀 광주리를 이고 진 그 시절 아주머니들을 실어 나르던 마산행 새벽기차, 미화원 아주머니들을 강남 빌딩 숲으로 나르던 6411번 버스는 고통을 말할 줄 모르고 아픔을 숨기며 살던 아주머니, 아저씨들의 꿈을 나르던 희망마차였다.

나는 밤 10시 정도에 늘 잠자리에 든다. 새벽 3시 15분에 핸드폰 알람이 울리기 때문이다. 알람음은 발렌티나 리시차가 연주하는 피아노 월광이다. 출근 준비를 한다. 새벽시간에는 작은 소리도 크게 들린다. 조용조용 문을 닫는다.

새벽 4시.

출근 준비를 마치고 집을 나서는 시각이 공교롭게도 04시쯤 된다. 아주 오래된 일상이라 좋고 나쁜 어떤 감정이 없다. 그래도 가끔 몸이 아주 피곤할 때는 꼭 이렇게 새벽부터 구차하게 살아야 하나 하는 처량한 마음이 들 때가 있다.

그런데 도로에 나와 보면 의외로 차들이 생각보다 많다. 내 트럭 옆을 쌩하고 앞질러 가는 또 다른 트럭들. 일반 승용차뿐 아니라 대형 화물차, 소형 트럭, 냉동 탑차, 짐칸에 천막을 두른 소형 화물차…. 모두들 새벽에 일어나야 하는 사람들이다. 나와 같이 새벽밥을 먹고 새벽부터 트럭을 몰고 쌩쌩 달리는 동시대의 사람들.

아, 나뿐만 아니라 이렇게 많은 사람들이 새벽잠을 잊고 열심히 살고 있구나. 아, 새벽 장사 길을 나서는 우리는 얼굴 모르는 타인들에게서 끊을 수 없는 무언(無言)의 관계를 맺고 있구나.

6411번 버스를 탔던 새벽녘의 아주머니, 아저씨들도 서로 모르는 누군가로부터 살아야 한다는 끈질긴 생명력을 주고받지 않았을까. 수많은 사람들이 부딪히는 지하철 승강장에서, 바람처럼 스쳐가는 차량들이 달리는 도로 위에서 서로서로에게 말없는 관계를 통해 서로 힘을 주고받는다. 나는 마주 달려오는 트럭의 헤드 라이트 불빛에서도 동질감을 느낀다.

그 동질감이 오늘 하루 살아갈 힘이 된다.

인생은 깨지기 쉬운 유리공이다
– 더글라스 대프트, 코카콜라 전 회장의 신년사

인생은 뜻대로 되지 않는다. 생의 결정적인 순간은 어느 날 예고 없이 또 느닷없이 생겨난다. 그 느닷없음을 즐기는 것이 인생이다. 언제든지 고난을 만날 수도 있다. 스스로 자초한 일이기도 하고 나와는 아무런 관계도 없이 생겨나기도 한다. 지금의 장사 일을 천직으로 알게 되기까지 많은 세월이 필요했다.

삶이란 무엇일까. 더글라스 대프트 코카콜라 전 회장의 2000년 맞이 신년사를 소개한다. 대프트 회장은 삶이란 공중에서 다섯 개의 공을 던지는 것이라고 한다. 다섯 개의 공은 일, 가족, 건강, 친구, 나 자신의 영혼이다.

일이라는 공은 고무공이어서 떨어뜨리더라도 바로 튀어 오른다. 다시 도전할 수도 있고 공을 새 것으로 바꿀 수도 있다. 그런데 나머지 4개는 유리로 만들어져 있는 유리공이다. 긁히고 상처 나기 쉽다. 또 땅에 떨어지는 순간 깨지고 흩어져버려서 다시는 전과 같이 되돌릴 수가 없다고 한다.

대프트 회장은 이 다섯 가지 요소가 균형을 잡고 있어야 행복한 삶이라고 한다. 그러면 어떻게 해야 균형을 유지할 수 있을까? 대프트 회장은 곁에 있는 사람들에게 충실하라고 말한다.

나 역시 크게 공감한다. 주위에 계신 분들 중에 사업을 크게 하시는 분들이 더러 있다. 이분들이 공통적으로 아쉬워하면서 후회하는 것은 아이들이 어렸을 때 같이 놀아주지 못한 것이라고 한다. 아이들이 다 커서 자기 삶을 찾아 독립한 지금은 아이들과 대화하고 같이 있고 싶어도 아이들은 아이들대로 나는 나대로 따로 논다는 것이다.

우정에 대해 생각해볼 때가 있다. 나는 사람의 사귐에 대해서 깊은 고뇌를 가지고 있다. 특히 스무 살의 젊었던 시절에 만났던 오래된 사람들과의 우정에 대해 안타까운 성찰을 하는 때가 있다. 인생의 아픔을 알기 전에 만났던 젊고 화려했던 시절의 우정은 덧없이 흔들리는 갈대와 같다.

나에게는 술 한잔하면 늘 전화해오는 선배 한 분이 계신다. 학창시절 같은 집, 다른 방에서 자취를 하던 선배이신데 포항에 계신다. 학교 졸업 후에 한 번도 직접 만나지 못했다. 전화로만 소식을 전해왔다. 그러나 서로의 인생 여정을 이해할 수 있고 나를 걱정해주는 형의 마음에 내 마음이 참 애잔하다. 멀리서 그리워하는 우정의 한 모습이다.

추억 속에만 존재하는 친구는 친구가 아니다. 인생의 굽이굽이마다 서로 손을 잡아주는 사람이 진정한 친구이고 가족이다. 지금 현재 바로 옆에 있는 사람에게 잘해야 한다.

바로 옆에서 함께 눈을 뜨는 사람. 매일 아침 가게 앞을 지나가면서 '안녕하세요.' 하고 인사하는 사람. 그들에게 소중한 마음을 가져야 한다.

성실, 정직, 우정, 노력, 신념, 인격, 끈기, 건강 등 이런 기본적인 것들 중에 무엇이 제일 소중하다고 생각하는가? 그렇다. 정답은 '모두 다'이다. 이 중에 어느 것 하나라도 빠지면 행복한 인생이라고 할 수 없는 중요한 것들이다. 사업적 성공을 거두었으나 정직을 외면하고 속임수를 썼다면 진정한 친구는 기대할 수 없을 것이다. 성실하게 노력해서 훌륭한 삶을 살았지만 건강을 잃게 된다면 이 또한 불행한 일일 것이다.

우리는 많은 것을 원한다. 훌륭한 인격, 인간적인 성장, 건강, 돈, 안정, 승진의 기회, 마음의 평화, 진실한 사랑, 사회적 존경 등 지금보다 나아지기를 간절히 바란다.

"여러분은 많은 것들을 원하고 있지만 여러분이 진정 원하는 것은 무엇인가? 여러분의 마음속에 답이 있을 것이다. 여러분은 바로 그 무엇 때문에 지금 그 자리에 있는 것이다."

  ─『정상에서 만납시다』, 지그 지글러

여러분이 있는 현재의 그 자리를 소중하게 생각하기 바란다. 인생은 이기고 지는 격투기가 아니다. 인생은 내가 할 일과 맡은 일을 어김없이 해내면서 내가 앞으로 해야 할 일을 명확하게 가려볼 줄 알고, 또 때를 기다려 내가 앉을 자리와 물러설 자리를 엄격하게 지켜가는 과정이다.

여러분들의 지금 누리고 있는 것들을 당연히 누릴 수 있는 것이라고 생각하지 마라. 여러분들의 옆을 지켜주고 있는 사람들을 소중하게 생각하라. 여러분들이 자기 자신에게 최선을 다하듯이 옆에 있는 사람들에게 최선을 다하시라.

버트런드 러셀에 의하면
– 행복은 정복하는 것이다

버트런드 러셀의 『행복의 정복』에 의하면 사람들은 자신도 모르게 끊임없이 불행해진다고 한다. 지나친 경쟁, 권태, 쓸데없는 걱정, 불합리한 죄의식, 질투, 자기 비하…. 사람들은 각각 처해 있는 환경과 내부에서 생겨나는 이런 요인들 때문에 끊임없이 불행해진다는 것이다. 행복은 아주 드문 경우를 제외하고는 저절로 입안으로 굴러 떨어지지 않는다.

여러분은 난생처음으로 새 차를 샀을 때의 기분을 기억하고 계시는가? 밤새 누가 긁고 지나가지는 않았는지 밤잠을 설치던 기억이 있을 것이다. 또 새 집을 샀을 때 더 이상 아무것도 부러울 것이 없던 기분을 기억하고 있을 것이다. 최고로 행복했던 순간이다. 그런데 남부러울 것 없는 설레고 기뻤던 기분도 시간이 지나고 흥분이 가라앉으면 모든 것이 일상으로 돌아가고 평범해진다.

또 이와 반대로 처음에 암을 선고받았던 사람이 자신의 삶이 얼마 남지 않았다는 사실에 고통스러워하는 경우도 있다. 그런데 시간이 흐르면서 차츰 자신의 운명을 받아들이게 된다. 하루하루 지내면서 더 큰 행복을 느끼고 아주 사소한 일에도 더 감사하면서 오히려 전보다 더 행복하게 지내는 경우도 있다. 이것을 심리학에서는 '적응'이라고 부른다.

참 이상하다. 사람은 행복에 적응해서 불행해지기도 하고 불행에 적응해서 행복해지기도 한다.

나는 '작전상 후퇴'라는 말을 자주 쓴다. 이상하게 일이 안 되는 날이 있다. 식당에 배송 갔더니 식당이 급한 일로 하루 문을 닫았다든지, 전표에 적힌 물품에 착오가 생겼다든지 하는 일이 계속 생기는 날이 있다. 일이 계획대로 되지 않아 하루 일과가 엉망이 된다.

이럴 때 불만스러운 마음으로 툴툴거리기보다는 '아, 오늘은 작전상 후퇴다.' 하고 한 번 쉬고 나면 마음이 한결 수월해진다. 일이 안 된다고 스스로를 괴롭히지 않는 것이다.

작전상 후퇴라는 말은 러셀이 『행복의 정복』에서 말하는 '체념'이라는 말과 비슷하다. 러셀은 체념은 행복을 쟁취하는 데 있어서 일정한 역할을 담당하고 있으며, 체념이 담당하는 역할은 '노력'이 담당하는 역할에 못지않게 중요하고 말한다. 일이 뜻대로 되지 않을 때마다 안달하고 화내면서 더 유용하게 쓸 수 있는 정력을 낭비하는 것은 오히려 더 불행해지는 원인이 된다고 한다.

"우리는 날마다 수많은 선택을 해야 한다. 아무리 노력한다 해도 우리는 종종 자신에게 가장 좋은 것을 선택하지 못하는 수가 있다. 올바른 선택을 하려면 우리가 누리고 싶은 쾌락을 어느 정도 희생해야 하기 때문이다." – 『달라이 라마의 행복론』, 하워드 커틀러, 달라이 라마

우리는 일상에서 뭔가를 갖고 싶어서 안달하는 경우가 있다.

꼭 저 집을 사고 싶은데…. 꿈속에서 적금을 깨고 은행에서 대출을 내고 이리저리 궁리하면서 몇 날 동안 밤잠을 설친다. 꼭 집을 사는 일이 아니더라도 안 되는 일을 되게 해보려고 이리저리 애쓰다가 마음을 상하게 된다. 그러다가 포기하고 나서야 마음이 편안해지는 경험을 한 적이 있을 것이다. 이것이 올바른 선택을 위한 체념이다. 행복을 위해서는 올바른 체념이 필요할 때가 있다.

또 달라이 라마는 그의 저서 『달라이 라마의 행복론』에서 우리가 가진 비교하는 습관에 의해 행복이 크게 영향받는다고 한다. 스스로를 불행하게 만드는 가장 나쁜 습관은 비교이다. 특히 남이 이루어놓은 경제적 성과를 나의 인격과 동일시하는 것은 스스로를 열등감으로 옭아 넣는 가장 어리석은 일이다.

버트런드 러셀이 『행복의 정복』에서 밝힌 돈에 관한 생각이다.

"돈이 있다고 해서 품위 있는 인간이 되는 것은 아니지만 돈이 없는 사람이 품위 있게 사는 것도 어려운 일이다. 나는 일정한 시점까지는 돈이 행복을 증진시킬 수 있다는 사실을 부정하지는 않는다. 하지만 내가 생

각하기에는 일정한 시점을 넘어선 경우에는 그렇지 않다."

돈이나 성공은 행복의 한 가지 요소에 불과하기 때문에 성공을 위해 나머지 행복의 요소들을 희생한다면 지나치게 비싼 대가를 치른 셈이라고 생각한다. 두 가지를 기억하자. 성공은 행복의 한 요소일 뿐이다. 사람들은 행복에 적응해서 불행해지기도 하고 불행에 적응해서 행복해지기도 한다.

혜민스님의 『멈추면, 비로소 보이는 것들』에 달라이 라마의 말이 인용되어 있다.

"원하든 원하지 않든 간에 우리는 서로서로 연결되어 있다. 그래서 나 혼자만 따로 행복해지는 것은 생각할 수도 없다."

그렇다. 우리 주위에는 우리가 행복해지기를 기원하는 우리 형제, 우리 부모, 우리의 많은 이웃들이 있다. 그들과 함께 애쓰고, 함께 노력하자. 행복은 정복하는 것이다.

크게 성공하지는 못했으나 행복을 먼저 맛본 내가 앞서 외친다. 그대들도 같이 외치라. 그러면 그대들도 나의 은혜를 받아 더 한층 행복해질 것이니!

- 자, 다 함께 행복해지자!
- 나는 행복한 사람이다!

행복이 뭡니까?
– 법륜의 〈즉문즉설〉에서

법륜스님의 〈즉문즉설〉이 인기다.

법륜: 결혼했어요?

청중: 예.

법륜: 행복하려고 결혼했어요? 괴로우려고 결혼했어요?

청중: 행복하려고요!

법륜: 자녀들 있죠?

청중: 예.

법륜: 그러면 자녀들이 있는 것이 행복하다고 생각해요, 부부 둘만 사는 것이 행복하다고 생각해요?

청중: 자녀들이 있는 거요.

– 참고: KBS 〈같이 삽시다〉 법륜스님 강의 중에서, 2000. 11. 11.

그렇다. 사람들은 행복해지기 위해서 결혼을 하고, 행복해지기 위해서 자녀를 가지고, 행복해지기 위해서 직장을 다닌다. 그런데 법륜스님이 사람들을 만나보면 대중들은 항상 남편 때문에 괴롭고, 아이들 때문에 힘들다고 한단다.

행복해지기 위해서 하는 일들이 왜 괴로움의 원인이 될까? 그것은 바로 착각 때문이라고 한다. 남편, 아내, 아이들 등 외부의 어떤 것이 나를 괴롭힌다고 착각한다는 것이다. 그래서 남편을 내 기준에 맞춰서 고치려고 하고, 아이들에게도 내 입장을 강요한다는 것이다. 그들을 바꾸지 않는 한 결국 나는 이 괴로움에서 영원히 벗어나기 어렵다는 것이다.

하지만 자신의 괴로움은 자신이 만들어낸다. 괴로움은 외부에 있는 것이 아니라 내 마음에서 일어난 것이다. 결국 내 탓이라는 것이다. 괴로움의 원인이 나에게 있으므로 행복도 내가 만들 수 있다는 것이다. 괴로움의 원인을 다른 데서 찾는 것을 어리석음이라고 한다.

사랑을 받지 못해서 불행한 것이라고 생각하지만 사실은 사랑을 하지 않아서 불행한 것이라고 설명한다.

법륜스님의 비유다. 이를테면 예쁜 꽃을 보고 '아, 참 예쁜 꽃이다.' 라고 감탄하면 사랑받은 것은 꽃이지만 기분이 좋아지는 것은 누구인가? 나인가? 꽃인가? 꽃은 하나의 꽃일 뿐인데 꽃을 보는 사람의 입장에 따라서 행복을 느끼기도 하고 그렇지 않기도 하다는 것이다.

한 어머니가 "아들이 공부를 잘해서 요즘 행복해요."라고 말하는 것은 진정한 행복이 아니라고 말한다. 그 어머니는 아들의 성적이 내려가면 곧장 자신이 불행하다고 느낄 텐데 행복이란 것이 어찌 아이가 공부를 잘하는지 못하는지에 따라 내 마음이 행복해지기도 불행해지기도 할 수 있는 것이겠는가. 또 맛있는 음식을 먹고 행복하다고 말하는 것 역시 배불리 먹고 난 뒤 단지 기분이 좋을 뿐이지 그것을 진정한 행복이라고 할 수는 없다는 것이다. 법륜스님의 말에 감탄했다.

법륜의 이야기는 늘 쉽고 명쾌하다. 대중의 언어이다. 복잡하지 않고 선명하다.

법륜이 대중들에게 묻는다.

법륜: 요즘 어떻게 지내세요?
청중: 좋은 것도 없고 나쁜 것도 없고 그저 그래요.
법륜: 그러면 여러분은 지금 제일 행복한 상태예요.

법륜스님은 좋지도 않고 나쁘지도 않은 상태, 괴롭지도 않고 즐겁지도 않은 상태가 바로 최고의 행복이라고 설명한다. 나는 '과연!'이라고 무릎을 쳤다.

세상 어느 누구든 원하는 모든 것을 얻기는 어렵다. 인간의 행복은 완전하지 않다. 어떤 생각으로 행복을 바라볼 것인가? 세상이 정해놓은 계급이 아니라 내가 내 인생의 주인공이 되어서 나를 본다면 사람은 누구나 충분히 행복하다.

나는 지금 좋은 것도 없고 나쁜 것도 없고 그저 그렇다. 나 이외에 나를 지배하는 것이 그 무엇도 없을 때 진정한 행복이 온다. 그것이 무엇에도 구속받지 않는 진정한 행복이다. 우리는 각자가 나의 본질이 무엇인지 스스로에게 묻고 살아야 한다.

내가 스스로 선택해서 이룬 가정, 사랑의 결실로 만들어진 아이들, 내가 만들어놓은 내 주위의 것들에 의해 스스로 행복을 느껴야 한다.

지금 나는 행복한가? 스스로 묻는다. 쌀가게 문을 열면서 기필코 되겠다고 했던 부자는 되지 못했으나 어느 정도 먹고살 만하다. 특별히 좋지도 않고 나쁜 일도 없다. 특별히 근심 걱정이 없다. 그래서 나는 행복하다고 느낀다.

자영업자는 행복을 느끼지 못하는 운명인가?

보도 섀퍼는 인생의 모든 문제를 돈, 즉 경제적 자유가 해결해줄 것이라고 생각하지만 돈을 얻게 되면 돈으로 해결할 수 없는 문제들이 다시 우리를 기다린다고 한다.

부자는 돈만 많은 사람이 아니라고 한다. 보도 섀퍼는 돈을 벌면서 지식과 경험도 쌓고 통찰력도 동시에 갖춰야 한다고 한다. 그래야만 경제적 자유를 얻어야 할 진정한 이유를 깨닫게 되고, 돈으로 해결할 수 없는 문제들에 대한 지혜로운 해답을 찾을 수 있다는 것이다. 그런데 우리는 지금 어떠한가. 먼저 돈이 아닌가? 돈으로는 행복을 장담할 수 없다.

세계행복보고서를 아실 것이다. 유엔 산하 자문기구인 지속가능발전해법 네트워크(SDSN)가 매년 발표하는 보고서로, 세계 각 나라 국민들의 행복을 정량화하여 행복지수로 표현하고, 이를 통해 정부, 기업 및 시민 사회가 행복에 관한 복지를 평가 및 피드백할 수 있도록 한다. SDSN은 2012년부터 국가 국내총생산(GDP)과 기대수명, 사회적 지원, 자유,

부정부패, 관용 등 6개 항목의 3년치 자료를 토대로 행복지수를 산출해 순위를 매겨왔다.

　BBC 코리아의 보도에서, SDSN이 공개한 2022년 세계 행복보고서에 따르면 한국의 행복지수는 146개국 중 59번째인 것으로 조사됐다. 한국은 GDP나 기대수명 항목에서 수치가 높았지만 다른 항목들이 이에 미치지 못한 것으로 나타났다.

　1위 핀란드, 그 뒤를 이어 덴마크, 아이슬란드 스위스 네델란드 등 북유럽 국가가 매년 최상위 그룹에 속한다. 일본은 54위, 중국 72위였다. 북한은 순위에 집계되지 않았다고 한다.

　특기할 만한 점은 일본의 행복지수인데 매년 우리나라와 거의 비슷하다. 2019년 보고서에는 우리나라가 61위, 일본은 62위였다. 비슷한 경제력을 가지고 있는 대만의 행복지수가 26위인 점을 생각할 때 한국과 일본은 경제적으로는 비교적 잘사는 나라에 속하지만 국민 개개인의 행복지수는 공통적으로 높지 못하다.

　북미권에서는 캐나다 15위, 미국 16위에 올랐고, 유럽에서는 영국이 17위, 프랑스가 20위를 기록했다. 러시아는 80위, 아프가니스탄이 146위로 나타났다.

　그러면 우리나라 자영업자들의 직업 만족도는 어떨까. 〈이투데이〉가

보도한 현대경제연구원의 발표에 따르면 가장 행복도가 낮은 직업군은 안타깝게도 자영업자였다. 경제적 행복도 1순위는 공무원이고 다음으로 전문직, 주부, 자영업자, 무직의 순이다. 자영업자의 행복만족도는 34.2점으로 무직(32.8)과 비슷했다.

충격적이지 않은가. 자영업자의 행복만족도가 무직을 제외하면 직업 군으로는 최하위이다. 그만큼 자영업자의 삶이 팍팍하다는 뜻이다. 자영 업자들은 하루 매출에 따라 울고 웃는다. 오늘 하루 손님이 좀 있다 싶으면 하늘을 날고 싶은 기분이 된다. 그러나 홀이 휑한 날에는 우리집만 손 님이 없나 싶어서 왠지 다른 집 매장 안으로 자꾸만 눈길이 간다.

그만큼 자영업자들은 소득이 불안정하고, 미래에 대한 전망을 불확실 하게 생각하고 있다는 것이다.

지혜로운 부자가 되어라

그렇다면 우리 같은 자영업자는 영원히 행복을 느끼지 못하는 운명인가. 나는 사람들이 만들어 놓은 숫자에 얽매이지 말자고 이야기한다. 사람은 누구나 행복을 느낄 자유가 있고, 인간답게 살아갈 권리가 있다. 자영업자들은 스스로의 행복에 대한 개념을 바꾸지 않으면 영원히 행복할 수가 없다.

잘산다는 것은 돈 외에도 건강한 육체, 올바른 삶의 신념, 좋은 선후배 관계, 긍정적인 에너지, 봉사하는 마음 등 다양한 개체들이 있다. 삶을 즐겁게 살고 싶으면 행복에 대한 감정을 더 여리고 섬세하게 즐길 줄 알아야 한다.

존재하는 자체에서 행복을 찾아야 한다. 성공을 얻고서도 삶의 기쁨을 잃는다면 무슨 소용인가. 우리를 힘들게 하는 것은 경제적인 절대적 가난이 아니라 사람들로부터 외면받거나 소외받는 것이다.

케이블방송 MBN의 인기 프로그램 중에 〈나는 자연인이다〉라는 프로그램이 있다. 오륙십 대 남자들이 가장 재미있게 본다는 프로그램이다. 정년을 앞둔 남자들의 절반 이상이 은퇴 이후 내가 태어난 고향으로 돌아가서 살고 싶다는 로망을 가지고 있다고 한다. 말 그대로 자연 속에서 살아가는 원시인 같은 사람들을 조망함으로써 남자들의 로망을 대신 채워주는 대표적 힐링 프로그램이라 할 만하다.

한창의 나이에 산으로 들어가 산다는 것이 쉬운 일이 아닐 것이다. 스스로 선택한 삶이 아니라 어쩔 수 없는 선택이었을 수도 있다. 혹은 사회 적응에 실패한 삶일 수도 있다.

그러나 TV 속 자연인들은 한결같이 표정이 밝다. 자연인이라는 삶의 전환을 맞아 새로운 행복을 발견했다는 점에서 그들의 삶은 또 다른 행복을 정복한 것이다. 톨스토이는 자유롭게 살고 싶으면 없어도 살 수 있는 것들을 멀리하라고 하지 않았던가.

자연인의 원조는 헨리 데이빗 소로우(Henry David Thoreau)다. 하버드대학을 졸업한 소로우는 소박하고 원시적인 산림 생활을 동경하여 새로운 체험을 했다. 소로우는 숲 속에 들어가 홀로 생활해보는 것을 꿈꾸어 왔다. 소로우는 28세 되던 해 미국 보스턴 근처 월든(Walden) 호숫가에 통나무집을 짓고, 1845년 7월부터 1847년 9월까지 2년 2개월 동안 살았다. 자연의 생활을 하면서 인간, 사회, 자연, 삶의 본질에 대해 깊은 성찰을 가졌다.

소로우는 『시민의 불복종』이라는 책에서 "나는 누구에게 강요받기 위해 이 세상에 태어난 것은 아니다. 나는 내 방식대로 숨 쉬고 내 방식대로 살아갈 것이다."라고 말했다.

우리는 태어난 이상 어쩔 수 없이 직업을 가지고 사람들과 경쟁하며 살아갈 수밖에 없는 운명이다. 특히 우리는 매일매일 무언가를 팔아야 하는 고단한 자영업자가 아닌가. 하지만 경쟁이 최선의 상태는 아니다. 소로우의 말처럼 우리는 누구에게 강요받기 위해서 태어난 존재가 아니다. 우리가 하는 일들을 단순한 밥벌이로 할 수 없이 하는 일이라고만 생각한다면 우리는 영원히 불행해질 수밖에 없다.

독자 여러분은 얼마 정도의 돈이 있으면 부자라고 생각하시는가? 놀라지 마시라. 부자에는 절대적인 부자와 상대적인 부자가 있는데 요즘 절대적으로 인정받는 부자들이 가지고 있는 자산 규모는 약 500억 이상이라고 한다. 그러면 500억 원의 돈을 가진 사람의 행복은 얼마 정도가 될까? 우리는 소득이 증가하면 비례해서 행복도 증가할 것이라고 생각해왔다. 100억 원이라는 돈이 있을 때보다 500억 원을 가지고 있을 때 5배 이상의 행복감을 느껴야 하지 않을까? 하지만 소득이 일정 수준을 넘어서면 행복은 더 이상 증가하지 않는다고 한다. 이것을 '이스털린의 역설'이라고 한다.

앞 장에서 이야기한 대로 우리나라의 행복지수는 비슷한 경제규모인 대만이 26위인 데 비해 우리나라는 61위에 불과하다. 이것을 보면 행복은 무조건 돈과 연동되지는 않는다고 보는 것이 타당하겠다.

이런 점에서 버트런드 러셀의 주장은 시사하는 바가 크다. 러셀은 행복의 정복에서 일정한 시점까지는 돈이 행복을 증진시킬 수 있지만 일정한 시점을 넘어선 경우에는 그렇지 않다고 했다. 성공은 행복의 한 가지 요소에 불과하다는 것이다.

가만 생각해 보다가 전우익 선생의 말이 떠올랐다. 『혼자만 잘 살믄 무슨 재민겨』의 전우익 선생은 사람은 살면서 세 가지만 있으면 된다고 했다. 하나는 평생 할 공부, 다음은 신나게 할 수 있는 일 그리고 평생 함께 할 여자라고 말하신 적 있다.

그런 점에서 나는 나이가 들수록 향학열에 불타고 있어서 책읽기와 글쓰기를 즐겨하고, 쌀장사라는 천직을 갖고 있으며, 호랑이 같은 마누라와 사이에 아들 하나, 딸 둘을 얻는 쾌거를 이루고 화목한 가정을 이루고 있다. 이런 점에서 본다면 나는 충분히 부자이다. 삶이 각박한 자영업자들에게 소로우의 말을 전한다. 가끔이라도 되뇌어보자.

"밥벌이를 그대의 직업으로 삼지 말고 도락으로 삼으라, 대지를 즐기되 소유하려 들지 말라."

　－『월든』, 헨리 데이비드 소로우

처음으로 떠난 가족 여행
- 해남 땅끝마을

새벽에 출근하는 생활을 해오면서 하나부터 열까지 내가 없으면 가게가 돌아가지 않는다고 생각하게 되었다. 장사와 사업의 차이를 아시는가. 사장이 없어도 일이 잘 돌아가면 사업이고, 안 돌아가면 장사라고 한다. 그러나 원래 세상은 한 사람쯤 빠져도 잘 돌아가는 법이다. 그 사람이 사장이든 아니든 세상은 자영업자 한 사람이 없다고 해서 멈추거나 그러지 않는다. 그러나 내 가게만큼은 내가 없으면 그대로 멈춰버리는 것을 낸들 어쩌랴. 그래서 나는 단순 자영업자다. 그것도 1인 영세 자영업자다.

장사꾼이 일요일 쉬는 것만도 어딘데 언감생심 더해서 며칠간 이어지는 휴가를 어떻게 챙겨 먹나? 식당에서 쌀을 가득 쟁여놓고 쓰는 것도 아닌데 말이다. 하지만 같이 장사하는 주위의 동생들에게는 자주자주 떠나야 한다고 주장처럼 말한다.

2017년 여름, 난생처음으로 황부장 덕분에 2박3일 가족 여행을 다녀왔다. 황부장은 나를 친형님처럼 잘 보살펴주던 동생이다. 당시에 우리 가게에서 같이 일하고 있었다. 지금은 코로나 대유행으로 다시 혼자 일하는 1인 자영업자 신세가 되었지만….

황부장이 내가 장사하는 동안 가족들을 데리고 여행 한 번 못 갔다는 이야기를 들었다.

— 형님, 올 여름에는 꼭 휴가 한 번 다녀 오이소.

— 우찌 그리 하겠노? 며칠이나 자리를 비울 수가 있것나?

— 내가 단도리 잘 해놓을 테니까, 걱정 마시고예.

황부장이 없는 걱정도 사서 하는 사장을 휴가 보내기 위해서 거래처에 미리 이것저것 빈틈없이 챙겨놓았다.

나의 첫 가족 여행. 남들은 시시하게 생각하는 여행이지만 지금도 그 가슴 벅찬 여운이 남아 있다. 유홍준 선생의 『나의 문화유산답사기』 첫 장에 나오는 남도답사 일번지, 강진을 거쳐 해남 땅끝마을로 갔다. 사회 초년시절에는 선생의 책에 나오는 길대로 한번 다녀 보리라 하는 제법 원대한 꿈이 있었다.

남도 땅에 들어서자 요동치는 역사의 중심에 서는 느낌이 들었다. 남도 땅을 둘러싸고 있는 산들은 내가 살고 있는 경상도의 산들과는 또 다른 기운이 감돌았다. 경상도 들판의 산들은 둥글둥글 밋밋한 감이 있는데 남도 들판의 산들은 제법 산세가 우뚝우뚝 드높았다. 땅이 바다로 들어가는 곳인데 산세가 오히려 우뚝해지는 것이 이상했다. 곧 물속으로 들어가야 하는 땅들이 내심 삐쳐서 용을 틀어보는 듯했다.

춘향가에 방자가 춘향을 몽룡에게 데려가려고 꼬드기는 장면에 전라도 산세 이야기가 나온다.

"경상도 산세(山勢)는 산이 웅장(雄壯)해서 사람이 나면 정직(正直)허고 전라도 산세는 산이 촉(矗)하기로 사람이 나면 재주 있고."

여기서 촉(矗)하다는 것은 높이 솟아 뾰족하다는 뜻이다. 나의 느낌과 다르지 않았다. 남도 땅에 들어섰다는 사실만으로 다산과 추사와 초의의 제자가 된 기분이었다.

육지 끝을 알리는 땅끝마을 표지석 앞에 섰다. 가슴 벅찬 20살 청년의 마음이었다. 가슴속에서 대동제 한 판이 일고 있었다. 땅끝마을 표지석 앞에서 가족사진을 찍었다. 그리하여 이 사진은 두고두고 길이 자랑거리로 삼는 보물이 되었다.

다산초당에 올랐다. 보길도에 들렀다. 남도 2박 3일에서 나의 청춘이 눈물짓고 있었다. 남도 땅은 가족들을 데리고 다니기에는 버거운 곳이라 할 만했다. 혼자 걷기에 적당한 곳이었다. 배낭 하나 걸머지고 물통에 소주 채워 넣고, 터벅터벅 바람 따라 걷다가 졸다가 하기 좋은 곳이었다.

하지만 애석하다. 그 후 몇 년이 지나도록 지금껏 이것이 마지막 가족여행이 되었다. 어쩌랴? 나의 상재(商才)가 부족해 스스로 선택한 자영업의 삶은 완전한 자주 독립권이 없는 것을….

두 번째 가족 여행
– 절반의 채석강

글을 읽고 마음으로 그려보게 된 장소가 있다. 시인 안도현의 「모항으로 가는 길」에서 변산반도를 보았다. 왠지 꼭 가 봐야할 곳처럼 생각되는 곳이다.

(전략)
저 잘난 세상쯤이야 수평선 위에 하늘 한 폭으로 걸어두고
가는 길에 변산 해수욕장이나 채석강 쪽에서 잠시
바람 속에 마음을 말려도 좋을 거야
(후략)
– 「모항으로 가는 길」 안도현

시를 읽고 변산반도는 꼭 한번은 가봐야 할 의무가 있는 곳처럼 생각하게 되었다. 채석강 저쪽에 너덜거리는 마음을 말릴 수 있는 널찍한 바위가 있을 것만 같은 생각이 들었다. 언젠가 가보리라 변산반도!

떠날 때를 알아서 떠나지 못하는 사람은 기회가 있어도 즐길 줄 모르는 경우가 많다. 떠나는 이야기를 하고자 하면 어줍잖지만 또 해주고 싶은 이야기가 있다.

황부장 덕분에 보낸 가족 여행이 참으로 자랑스럽기까지 했다. 그래서 자주 나서고자 했지만, 또 한동안 우리 가족은 인근 장안사나 범어사, 조금 멀리 경주를 다녀오는 것 말고는 경상도 땅을 벗어나 볼일이 없었다.

내가 무슨 마음이 들었는지 한 번 떠나기로 했다. 토요일 오전 가게 청소를 하던 중 갑자기 사는 것이 진절머리가 나기 시작했다. 아내에게 전화했다.

- 오늘 변산반도에 함 가보자.
- 옷이나 몇 벌 준비하고 그냥 가보자.

모든 것을 그대로 엎어두고 집으로 와버렸다.

아내는 내가 설레발치는 것을 별로 탐탁하게 생각지 않는다. 아내는 별로 내켜하지 않았지만 나는 우겼다. 대충 짐을 쑤셔 넣고 떠났다.

양산 톨게이트를 돌아 김해를 지나가는 동안에도 떨떠름한 기분이었다. 차가 더 달려서 마산, 진주를 벗어나기 시작하자 기분이 좋아지기 시작했다. 비로소 마음이 들뜨기 시작했다. 하동 톨게이트가 나오자 완전히 최고조에 다다랐다. 날씨는 완전한 초여름 날씨였다. 유리창을 내리고 얼굴 전체로 바람을 맞았다.

아, 부산이여 안녕. 선운사를 안내하는 교통 표지판이 보이기 시작했다. 쉬지 않고 변산반도 입구까지 냅다 달리기로 했다. 저녁이 되기 전 늦은 오후에는 닿을 수 있다. 채석강 너럭바위에 걸터앉아 바람에 마음을 말려보자. 나는 승리하지 못했으나 지지는 않았어!

엇? 그런데 어디선가 경쾌한 말발굽소리! 〈경기병서곡〉!

내 휴대폰 벨 소리가 아닌가? 이모네 영숙이 누나가 웬 전화? 누나 본 지가 한 사오 년은 된 것 같은데 무슨 일이 있나? 불길한 예감. 일부러 전화를 받지 않았다. 끊어졌던 벨이 다시 울렸다.

— 여보세요?

— 동생아, 바쁘나?

— 어? 어!

— 엄마가 돌아가셨다.

잠시 생각했다. 이모집 누나한테 엄마가 되는 사람이라? 그러면 나한테는 이모가 아닌가.

아뿔싸. 너무나 불경스럽게도 내 마음속에는 이모가 돌아가셨다는 슬픔보다는 왜 하필 지금 돌아가셨는가 하는 마음이었다.

흠, 결국 선운산 톨게이트에서 핸들을 돌려야 했다. 모항까지 30여km 를 남겨둔 지점이었다.

이 이야기를 좋아하는 형에게 했다.

– 그래서 그냥 돌아와야 했습니다.

– 나 같으모 그냥 간다.

– 이모 문상은 우짜고예?

– 아픔은 순간이다. 이것저것 따지다 그냥 늙는 기라.

형의 대답은 간결했다.

– 나 같으모 그냥 간다.

아닌 게 아니라 언젠가 어떤 여행 칼럼니스트가 방송에서 말하기를 언제든지 떠날 수 있도록 치약, 비누, 수건, 양말 등을 넣은 여행가방을 현관 앞에다 던져둔다는 것이다.

나는 동생뻘 되는 1인 자영업 사장들에게 열정적으로 권한다.

– 떠나고 싶을 때 떠나라.

그러는 너는? 나? 나는 아직 글쎄… 이러고 있다.

MAKE
YOUR
DESTINY

4

내 인생의
주인 되기

내가 하고 싶었던 일은 뭘까?

경남 마산에 '애솔배움터'라는 야학이 있었다. 대학 3학년 초부터 겨울 방학까지 잠시 있었다. 중학교 입학 자격 검정 과정 국어를 담당했었다.

요즘에는 배움의 시기를 놓친 분들을 위해 다양한 교육 과정이 많이 개설되어 있다. 특히 인터넷을 통해서 언제든지 편한 시간에 강의에 접속해서 공부할 수도 있다. 학생 구성도 한글을 깨우치고자 하는 나이 지긋한 60~70대 노인 분들이 많은 편이다. 예전과 달리 야간학교는 거의 찾아보기 힘든 것 같다. 아쉽지만 바람직한 현상이다.

1990년대 후반까지만 해도 야학에는 10대에서 20대 중후반 나이의 청년들이 많았다. 나와 같은 또래의 학생들이 스무 살이 넘어서야 초등학교 과정을 공부한다는 것이 다소 충격적이었다. 서로 비슷한 나이인 나에게 선생님, 선생님하면서 깍듯하게 대하는 것을 보고 너무나 미안하게 생각되었다.

교가는 들국화의 〈사노라면〉이었다. 월요일 저녁에는 전교생이 모여서 교가를 불렀다.

새파랗게 젊다는 게 한 밑천인데

쩨쩨하게 굴지 말고 가슴을 쫙 펴라

내일은 해가 뜬다 내일은 해가 뜬다

학생들도 가난하고 선생들도 가난했다. 교실은 미국에서 온 선교사님이 쓰는 교회 1층 소회의실 몇 개를 저녁에 빌려 쓰고 있었다. 저녁이 되면 학생들이 모이기 시작한다. 서로 비슷한 나이들이니 학생들이나 선생들이나 얼핏 구분이 되지 않았다. 학생들도 주경야독해야 했지만, 선생들도 전문적 지식이 무르익지 않은 것은 매한가지여서 수업 전에는 진땀을 흘리며 준비해야 했다.

다행히 중학교 입학 자격을 주는 초등과정 검정고시는 애초에 그리 어렵지 않아서 내가 국어를 맡고 있던 해 검정고시에는 한 명도 빠짐없이 합격하여 전원에게 중학교 입학 자격이 주어졌다. 큰 보람이었다.

애솔배움터에서 나오는 교지가 있었다. 교지 이름은 '애솔'이다. 애솔은 막 자라기 시작한 어린 소나무를 말한다. 사정이 여의치 않으면 몇 년 동안 발행되지 못하다가 2~3년에 한 번 꼴로 발행되곤 했다. 나는 몇 년 동안 나오지 못한 교지를 발행해 보고자 했다. 한글을 깨우치고자 하는 바람이 큰 야학에서는 가장 중요하게 탐독하는 과목이 국어일 수밖에 없다. 어설프기는 하지만 그래도 명색이 국어 담당 선생이 아닌가.

교지에는 배움터에 들어와 한글을 깨우친 학생들이 고민하면서 한 글자 한 글자 적은 동시와 수필이 실렸다. 학생들이 직접 지은 글을 실어서 글을 배운 보람을 몸으로 느끼게 해주고 싶었던 것이다.

나보다 나이가 한참 많은 사십 중반 학생 아주머니의 글도 실렸다. 학생들의 글은 필체가 좋은 선생님들이 한 페이지 한 페이지 직접 써서 복사하여 책으로 묶었다.

교지가 나오던 날, 자신들이 쓴 글과 이름이 책에 실려 있는 것을 보고 기뻐하던 나이 많은 만학도들의 모습이 기억에 선하다.

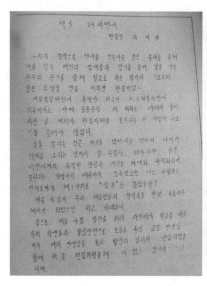

편집장으로서의 소감도 실렸다. 학생들이 글을 깨우치고 스스로 할 말을 글로 적을 수 있게 되다니!

학생들도 기뻤지만 나 자신이 너무 기뻤다. 애솔배움터 국어 교사 생활에서 앞으로 어떤 일을 하면서 살아야 할까에 대한 고민을 어렴풋이 하게 된 것은 참으로 소중했던 시간이었다.

사회에 나오기 전 대학 시절 나는 사회운동을 하는 사회운동가를 꿈꿨다. 직장생활을 하면서 지역 NGO(NGO: Non- Governmental Organization)에서 활동하고 싶었다.

나의 직장은 부산 해운대구 반송동에 있는 신용협동조합이었다. 지금은 해운대신협으로 이름을 바꾸었다. 직장에서 막내 생활을 하면서 마침 그때 새로 만들어져 첫 활동을 시작하려 하고 있던 '반송을 사랑하는 사람들'이라는 곳에서 사회활동을 했다.

공동체의 목소리를 듣는 것, 이것은 나의 존재 이유이라는 거창한 생각이 굳어졌다.

직장인으로 사회운동가로
- 혼자 잘 사는 것보다는 다 같이 잘 살아야…

졸업 이후 직장인으로서 나의 사회 진출은 비교적 순탄했다. 직장이 있는 부산시 해운대구 반송동은 아직 시골스런 정감이 살아 있는 곳이었다. 지역을 대표하는 전문 금융인이라는 긍지도 가질 수 있었고, 지역봉사라는 사회활동도 할 수 있어서 보람찬 직장생활을 했다.

내가 직장인으로 사회생활을 시작하던 1990년대 후반에는 다양한 사회단체들이 생겨났다. 1994년 출범한 참여연대가 대표적이다. 일반인들의 자발적인 활동이 환경, 법률, 정치 등 시민사회 여러 분야에 많은 영향을 끼치고 있었다.

직장이 있던 부산시 해운대구 반송동에 '반송을 사랑하는 사람들'이라는 NGO가 막 출범했다. 반송동은 부산에서 울산 방면으로 가는 끝 변두리에 위치하고 있다. 부산시가 1968년부터 1975년 무렵까지 도심의 판잣집들을 없애기 위해서 실시한 집단이주정책으로 시내의 철거민들이 반송동으로 옮겨오면서 마을의 기본 틀이 만들어졌다.

사회단체 '반송을 사랑하는 사람들'은 반송 출신 의사 고창권 씨가 초대 회장을 맡고, 청년활동가 김혜정 사무국장이 실무를 맡았다. 1998년, 내가 신협의 막내로 기획조정팀에서 근무하고 있을 때 첫 창립총회를 열었다. 마을 사람들의 호응이 대단했다. 가장 기억에 남는 행사는 '방송을 사랑하는 사람들'과 인근 주민들이 관청의 힘을 빌리지 않고 순수하게 주민이 주체가 되어 준비한 '어린이날 행사'이다.

5월 5일 어린이날 행사를 위해서 초등학교 운동장을 빌렸다. 지역 미술대학에 도움을 요청해서 그림을 전공한 학생들을 섭외했다. 소방서에도 사람을 보내 도움을 요청했다. 마술 공연, 색종이 접기, 구슬 꿰기 등 체험 행사도 준비했다. 행사 전날까지 학교의 정상 일정이 있기 때문에 모든 행사 준비는 어린이날 전야에 이루어져야 했다.

풍선을 불고, 쓰레기통을 설치하고, 체험 부스를 세우고, 화장실 안내 문구를 붙였다. 모든 회원들이 밤을 새워서 행사 준비를 했다. 학교 운동장은 회원들의 열기로 밤새 후끈 달아올랐다.

오전 9시, 모든 행사 준비가 끝났다.

성질 급한 어린이들 두서넛이 교문 앞에서 기웃기웃하고 있었다. 아주머니 회원 한 분이 어린이들을 데리고 들어왔다. 떡볶이, 튀김, 어묵, 달고나, 깨엿 등을 실은 아저씨들이 수레를 끌고 나타나기 시작했다.

미대 언니, 오빠들이 어린이들 얼굴에 예쁜 캐릭터를 그려주었다. 아이들 얼굴이 알록달록 예쁘게 빛났다. 풍선으로 인형을 만들어 선물하는 체험장에서는 아이들의 환호 소리가 이어졌다.

이날의 최고 인기는 소방관 아저씨들과 불자동차였다. 소방관 아저씨들이 화재 진압 모습을 재연한 것이다. 불자동차에서 거대한 물줄기가 하늘로 치솟자 아이들은 "우와~!" 하면서 열광했다.

나는 상상해본다. 그때의 감동으로 지금 소방관이 된 어린이가 있을지도 모른다고 말이다. 지금 자라나는 아이들 중에서 대통령도 나오고, 국무총리도 나오고, 소방관도 나오고, 경찰관도 나오는 것이니 혹시 아는가. 나 혼자 하늘 보고 빙긋 웃어본다.

'반송을 사랑하는 사람들' 어린이날 행사는 어린이날이 되면 지역방송국 행사일정 안내에서도 소개된다. 작은 사회단체가 직접 주관하고 시행하기에는 매우 힘든 일임에도 20년이 넘는 지금까지 진행되고 있다. 동네 주민들이 직접 주관해서 준비하는 어린이날 행사는 반송동 어린이날 행사가 유일하다.

〈반송 사람들〉이라는 마을신문도 발행했다. 나는 동네를 취재하는 기자로 활동했다. 반송동은 유독 소외된 계층이 많다. 도움이 필요한 가정을 방문해서 기사를 쓰고 주민들의 후원을 유도하는 하는 일이었다.

이해인 수녀님이 이름 지은 '빛둘레' 어린이집도 탐방했다. 해운대구 송정동에 있는 해동 용궁사에서 바라본 새해 일출 기사도 썼다.

보람찬 시절이었다. 학교 시절 야학에서 정립하게 된 사회활동가로서의 삶이 눈에 보였다.

아, 그랬던 나의 직장생활은 아들의 출생과 함께 끝이 났다.

지난 장(章)에서 기술한 대로 아들은 지적장애를 수반한 선천성 뇌병변 판정을 받았다. 대한민국에서 장애인을 가족으로 두는 것은 경제적인 나락으로 떨어지는 가장 확실한 조건이 된다. 스스로 선택하는 것이 아니다. 아무런 준비 없이 맞는 그야말로 마른하늘에 날벼락이다. 앞으로 어떻게 해야 하는지 조언을 해줄 만한 친구나 선생도 없었다. 그들도 경험해 보지 않았으니 무슨 말을 해줄 수가 있겠는가.

나는 2001년 1월 1일 장사를 시작했다. 이란성쌍둥이로 태어난 남매가 만 2살 되던 때이다. 월급보다 더 벌어서 아들을 치료하겠다는 생각이었다. 아무런 준비 없이 무턱대고 쌀가게를 연 것이다. 성급한 결정이었다.

자영업을 하게 되면 상대적으로 의사결정이 자유로울 듯했으나 전혀 그렇지 않았다. 자영업자에게는 조금의 쉴 틈도 주어지지 않았다. 모든 일을 혼자 결정하고 혼자 도맡아야 했다. 아파도 병원도 마음 놓고 갈 수가 없었다.

자영업자가 된 순간, 나를 따뜻하게 덮어주던 이불을 누군가 확 채가 버린 느낌이라고나 할까? 나락으로 떨어지는 느낌이었다. 문화생활의 향유는 언감생심이었다.

2003년 8월 '주 5일 근무제'의 근거가 된 정부의 근로기준법 개정안이 국회에서 통과됐다. 2004년 7월에 마침내 주 5일제가 시행됐다. 내가 다니던 직장에서도 주 5일제가 시작됐지만 나와는 상관없는 일이 되었다.

이제 말로만 듣던 자영업자가 된 것이다.

몸으로 때우는 사람
- 아무것도 하지 않으면 아무 일도 일어나지 않는다

자영업자인 우리가 하는 일의 8할은 몸으로 때우는 일이다. 몸으로 때우다는 말은 건설현장에서 '노가다'라는 말로 막노동을 비하해서 자주 쓰이는 말이다.

중고등학교 시절에 몸으로 때우겠다는 말은 학교 숙제를 안 해갔거나 영어 단어 시험 준비를 안 했을 때, 차라리 손바닥을 맞고 말겠다는 의미로 쓰기도 했다. 물론 나는 아니고, 친구들이….

대체적으로 정신노동보다는 사람의 강인한 근력을 필요로 하는 일에 종사하는 사람을 몸으로 때우는 사람이라고 한다. 몸으로 때우는 일이라 하면, 검게 그을린 얼굴이나 불끈불끈 솟아오른 힘줄이나 곧 폭발할 것 같은 강인한 표정을 연상하게 된다.

그런데 곰곰이 생각해보면 세상에 있는 일 중에 '몸으로 때우는 일'이 아닌 일이 어디 있을까? 건설현장을 생각해보더라도 목수, 전기, 기계, 측량, 용접 이런 일들은 사람의 직접 노동이 필요한 일이기는 하지만 고도의 전문적 기술이 필요한 일이다.

악기 연주자를 예로 들어보자. 연주자들이야 말로 몸으로 때우는 사람들이다. 세계적인 피아노 연주자 손열음 씨의 영상을 보면 손목에 스포츠용 붕대를 감고 연습하는 장면이 나온다. 화려한 의상은 어디 간 곳 없고 우리가 집에서 허드레로 입는 트레이닝 바지에 화장 끼도 전혀 없다. 손열음 씨의 피아노도 몸으로 때우는 일에서 둘째 가라면 서럽다.

마흔대여섯쯤이었을 때 대학시절에 잠시 배우다만 기타를 다시 배워보고자 했다. 요즘에는 인터넷 카페란 것이 있어서 학원에 나가지 않고도 배울 기회가 많다.

6개월이 넘도록 F코드가 완성되지 않았다. 손가락 끝이 굳은살이 배겨서 딱지가 생겼다. 칭찬이라도 받아볼 요량으로 카페에 사진을 찍어 올렸다. 격려가 쏟아졌다. 특히 나를 자극한 것은 굳은살 위치가 아주 이상적이라는 것이다. 말 그대로 FM(Field Manual)이라는 것이다. 정석대로 제대로 한다는 것이다.

다시 2개월이 흘렀다. 딱지는 몇 겹 더 허물어졌다. 그래도 F코드가 잡히지 않았다. 화가 잔뜩 나서 그만 때려치운다는 심정으로 기타를 다락방에 쳐 넣었다.

며칠 지나자 슬그머니 화가 가라앉았다. 이대로 포기할 수 없다는 생각이 들었다. 슬며시 다시 기타를 꺼냈다.

이번에 안 되면 진짜 때려치운다! 일주일을 맹연습했다.

어? 그런데 이게 웬일인가? 어느 순간 나도 모르게 손가락이 'F 코드'

위치에 자석처럼 착 달라붙는 것이 아닌가? 오, 이런 내가 해냈다. 기타나 악기를 배운 경험이 있는 사람들은 잘 알 것이다.

기본적으로 엄청난 연습량이 수반된다. 손가락 끝이 아리고 아려서 굳은살이 배기고 또 배겨서야 겨우 소리가 좀 난다. 넘기 힘들다는 F코드는 중년이 된 나의 경우에는 8개월 이상 노력해야 잡을 수 있었다.

힘들어서 '에잇!' 포기하기도 한다. 그러다 며칠 뒤에 다시 기타 코드를 잡아보면 신기하게도 내 몸이 그것을 기억하고 저절로 손가락이 기타 줄에 척 달라붙는 경험을 한 적이 있을 것이다. 실력의 향상을 몸으로 경험하는 순간이다.

피겨선수 김연아, 기타리스트 함춘호 씨도 마찬가지다. 그림을 그리고 서예를 하는 분들도 계속 연습하지 않으면 훌륭한 작품을 만들 수가 없다.

이전에 직장생활을 할 때 신용협동조합 이사장님이 업무 조회시간에 직원들을 질타하던 말이 생각난다. 이사장님은 당시 나이 50세에 아들뻘인 20살 청년들과 경쟁해서 대학수학능력시험을 거쳐 부산 경성대학교에 입학하신 열정을 가진 분이다.

"여러분들은 과연 화이트칼라인가? 블루칼라인가?"

"늘 해오는 습관 그대로 모니터 앞에 앉아서 출금전표 인쇄하고, 통장 재발급하고, 돈 찾아주는 일, 기계로 할 수 있는 일, 그런 단순한 일들을 사람인 여러분들이 하고 있다."

"새로운 목표를 세우고 새로운 결과를 내지 못하면 어떻게 여러분들이 정신노동을 한다는 화이트 칼라인가? 그냥 몸으로 때우는 블루 칼라"일 뿐이라고 질타했다. 지금 생각해 보면 '화이트 칼라(White- Colla)', '블루 칼라(Blue- collar)' 이런 단어는 연세 드신 분의 단어 선택이긴 하다.

그러나 몸으로 직접 생산에 종사하는 노동자든, 하얀 셔츠를 입고 자판을 두드리든, 습관적으로 일을 대하면 무의미한 노동이 될 뿐이다. 정신은 없어지고 몸뚱이만 남는다는 뜻이다. 자영업자가 된 지 20년이 넘은 지금도 월말이 되면 이사장님의 그 표정, 그 말투가 또렷이 생각난다.

스티븐 코비 등 세계적인 자기 계발의 구루들에게 지대한 영향을 주어 '자기 계발의 아버지'라고 불리는 오스트리아의 정신의학자이자 심리학자인 알프레드 아들러는 '개인 심리학'이라는 새로운 분야를 창시했다. 개발자의 이름을 따서 '아들러 심리학'이라고도 한다.

아들러에 의하면 우리는 얼마든지 변할 수 있는 존재이다. 각 개인은 미래지향적이고 긍정적인 사고를 통해서 열등감을 극복하고, 이를 통해 자기완성을 이뤄낼 수 있는 존재라는 것이다. 그러기 위해서는 지금의 나를 있는 그대로 받아들이고 인생에 놓인 문제를 직시할 용기가 필요하다고 한다. 즉 자유도 행복도 '용기'의 문제이지 환경이나 능력의 문제는 아니라는 것이다. – 참고:『미움받을 용기』, 기시미 이치로

장사꾼에게 제일 무서운 것은 무력감이다. 장사꾼은 하루하루 매출이

곧 그날의 밥줄이다. 장사꾼에게 정체는 곧 퇴보이다. 무슨 수를 써서라도 매출을 늘려야 살아남을 수 있는데 그 방법이 떠오르지 않는다. 뭔가 특별난 것이 없을까. 깜짝 놀랄 만한 아이디어로 사람들을 우리 가게로 끌어들일 방법이 없겠는가 늘 고민한다. 그러다 보면 생각의 끝은 늘 의기소침해진다. 어디 그런 방법이 있을 수가 있겠는가.

그럴 때 나는 우리 쌀가게를 홍보하는 전단지를 한아름 들고 나간다. 배달 일만 하다 보면 배달 지역 주변만 돌아다니기 쉬운데 일이 잘 안 되는 날 평소에 다니지 못하는 식당 지역으로 한 바퀴 도는 것이다.

식당이 늘어선 골목을 열심히 돌다 보면 몸에 땀이 배기 시작한다. 곧 땀이 흥건해진다. 그러면 헬스장에서 운동을 하는 것처럼 기분이 전환된다. 활기찬 육체는 용기백배한 정신을 불러온다. 나는 다시 용기로 충만해진다.

"아무것도 하지 않으면 아무 일도 일어나지 않는다."

– 기시미 이치로

생활의 달인은 세월의 훈장
– 지혜로운 부자는 시간이 만든다

몸이 기억한다는 것은 숙련되어 가는 과정일 것이다. 요즘 TV에 나오는 〈생활의 달인〉처럼 말이다. 〈생활의 달인〉에 나왔던 출연자들이 처음부터 달인이 되고자 했던 것은 아닐 것이다. 말 그대로 어쩌다 보니 그렇게 된 사람들이다. 직업인으로서 무한 반복되는 일을 수십 년간 해오면서 저절로 그렇게 된 사람들이다. 평생 같은 동작을 반복하다 보니 손가락이 휜 사람도 있고, 등이 굽은 사람도 있다.

내가 가게를 해운대구 반여동에 두고 있을 때다. 가게 근처에 〈생활의 달인〉에 출연했던 '보라찐빵'이라는 가게가 있었다. 오래된 낡은 간판만 봐도 달인의 포스가 물씬 풍긴다. 가게 정면 유리창으로 찐빵이랑 도너스가 진열되어 있다. 찐빵은 4개씩 넣어서 1,000원에 팔린다. 탁구공보다 좀 크고 당구공보다 좀 작다.

나는 새벽 알람으로 출근 준비를 시작해서 04시 15분쯤에 보라찐빵 앞을 통과한다. 유리창을 통해 찐빵을 빚고 있는 달인의 손이 보인다.

규칙적인 동작으로 끊임없이 움직이는 손, 바로 달인의 손이다. 한겨울에는 전기난로의 빨간 불빛 아래로 보이는 손동작이 경이롭기까지 하다. 저 손에 의해 얼마나 많은 일들이 이루어졌을 것인가? 달인의 손에서 지나온 고단한 삶이 보이는 듯 했다.

엇? 그러고 보니 나도 돈 세는 실력으로 〈생활의 달인〉에 출연할 뻔했던 적이 있다. 가끔 식당에서 현금을 주면 돈을 세어서 확인한다.

– 와! 쌀 사장 돈 많이 만지나 보네? 돈 세는 폼이 확실히 다르네!

이럴 때는 아무 말 없이 씩 웃어주는 것으로 끝내야 폼이 더 산다.

식당 카운터 담당들이 의외로 돈 세는 법이 서툰 것을 보고 돈세는 법을 좀 알려줄까 하는 마음으로 영상을 올린 것이다.

내가 올린 영상이 그런대로 괜찮았나보다. 〈생활의 달인〉에서 전화가 왔다. 돈 세는 법에 대한 영상을 보았는데 방송에 출연해줄 수 있겠느냐고 말이다.

놀란 마음에 쑥스러워서 "아이고, 옛날 일입니다." 하고 사양했다. 현직을 떠난 지 오래되고 나이 탓도 있지만, 현금 다발을 세어볼 일도 잘 없다. 사실 나도 이제는 정갈한 속도로 100장을 깔끔하게 끊기지 않고 다 넘기는 것이 힘들다. 옛날 실력이 안 나와서 사양하기는 했지만, 속으로는 꽤나 자랑스러웠다. 나도 저런 시절이 있었네? 우와 세상에. 방송국에서 전화가 오다니!

그런데 동서고금을 막론하고 생활의 달인을 꼽으라고 한다면 포정이라는 사람일 것이다.

『장자(莊子)』의 「양생주(養生主) 편」에 포정해우(庖丁解牛)의 고사가 있다. 포(庖)는 부엌 또는 요리사라는 뜻이고 정(丁)은 백정이라는 뜻이니 대충 의미는 소를 잡아 뼈와 살을 분리하는 일을 하는 사람이라는 정도로 보면 될 듯하다. 요새 식당에서는 일본말로 '사바끼'라고 한다. 표준어로는 '정형작업'이라고 한다.

2008년 〈경남신문〉 신춘문예 당선작 박영희의 소설 「사바끼」의 내용 중 일부이다. 소설 속 사바끼의 내용은 상당한 힘이 필요할 듯하다.

"드디어 사바끼 칼을 녀석의 몸통에 깊게 박아 넣는다.

먼저 전지와 몸통, 후지로 크게 이분 채 분할을 한다. 목 부위의 선을 잡아 낸 다음에는 살 많은 앞다리를 걷어낸다. 뒷다리의 뼈를 발라낼 적에 우두둑, 고리뼈를 빠개는 것은 나의 어깨 힘이다.

(중략)

기술보다 힘을 필요로 하는 부위가 등심이다. 뼈의 힘도 과격하지만 뼈와 살을 가로막고 있는 근육과 막의 힘도 대단하다. 뼈 사이사이 숨겨 놓은 살들을 보물찾기라도 하듯이 꼼꼼하게 찾아내어야 한다."

– 〈경남신문〉 신춘문예 소설 당선작 「사바끼」, 박영희

포정이 제나라의 문혜군을 위해 소를 잡는 장면이 있다. 포정은 여인의 긴 머리칼을 타고 흐르는 빗물처럼 부드럽게 뼈와 살을 분리해버린

다. 칼을 쓰고 물리는 동작이 모두 박자에 맞아 마치 춤을 추는 듯했다. 귀신과 같은 포정의 솜씨에 흙더미가 무너지듯 살과 뼈가 분리되었다.

문혜군이 어떻게 하면 그럴 수가 있냐고 물었다. 포정이 말하였다.

— 뼈마디에는 틈새가 있고 칼날에는 두께가 없다. 두께가 없는 것을 틈새에 넣으니 널찍하여 칼날을 움직이는 데도 여유가 있다.

이 말을 요샛말로 풀이하면 뼈와 살 사이에는 왕복 8차선 넓이의 틈이 있으니 아무렇게나 휘둘러도 칼을 다칠 염려가 없다는 뜻이다.

포정은 또 이른다.

— 처음 소를 잡았을 때는 소만 보여 손을 댈 수 없었으나, 3년이 지나자 어느새 소의 본 모습은 눈에 띄지 않게 되었다. 요즘 나는 정신으로 소를 대하지 눈으로 보지는 않는다.

아아, 이 얼마나 멋있는 달인의 포스인가. 자신이 목적하는 것은 도(道)이지 기술이 아니라는 것이다. 포정은 소를 잡는 백정에 불과하지만 이미 도의 경지에 올랐다.

도는 평범한 일상에 흩어져 있다. 도에 이르는 문은 고상한 정신수양이나 학문을 통해서만 열리는 것이 아니다. 도는 지금 여러분들이 하고 있는 평범한 일상 그 한가운데에 있다.

무엇이 그들을 생활의 달인으로 만들었을까? 그것은 시간이다.

장석주 시인의 「대추 한 알」이라는 시가 있다. 중학교 교과서에도 실려 있는데 그 일부이다.

저게 저절로 붉어질 리는 없다

저 안에 태풍 몇 개

저 안에 천둥 몇 개

저 안에 벼락 몇 개

…

(후략)

이 시에서 무엇을 보이는가? 그렇다. 바로 시간이다.

태풍이 불고 천둥이 오고 벼락이 치고…. 봄부터 늦은 가을까지 대추한 알이 영글어가는 시간이다. 대추 한 알이 영글어지듯 인생도 하루아침에 만들어지지 않는다.

생활의 달인은 무심히 흐르는 세월의 훈장이다. 우리들 하나하나가 생활의 달인이다. 우리 개개인이 포정이다. 천직에 순응하면서 견뎌라. 생활의 달인이 진정한 부자다. 지혜로운 부자는 시간이 만든다.

늘어나는 청년 창업
– 배달 전문점, 청년 창업의 덫

　20여 년 전에는 정년퇴직을 하게 된 나이 지긋한 분들이 새로 식당을 여는 일이 제법 있었다. 평소 음식 솜씨 좀 있다는 소리를 들은 아주머니들이 남편을 부추겨 식당을 여는 경우다.

　큰돈 들이지 않고 4인용 테이블 4~5개를 놓은 작은 규모다. 된장찌개, 김치찌개 등 일상적으로 자주 먹게 되는 메뉴들로 구성된다. 홀 손님과 배달 손님을 같이 받는다. 업무 분할도 명쾌하다. 아주머니가 요리하고, 아저씨는 배달을 맡는다.

　예전에는 자녀들이 다 성장한 뒤라 특별한 경험 없이도 꽤 쏠쏠한 재미를 볼 수가 있었다. 건강관리를 잘 해온 분들은 그런대로 노년에 새로 시작해볼 만한 일거리가 되던 시절이었다. 지금은 다 옛날 말이 되었다. 요즘에 옛날 분식점 분위기로 된장찌개를 만들어 팔겠다는 발상은 인생 말아먹는 지름길이다.

　예전에는 20~30대 청년들이 식당을 창업하는 경우는 매우 드물었다. 그런데 요즘에는 식당을 창업하는 청년 사장들이 많아졌다. 특히 아주 나이가 어린 20대 후반이나 30대 초반의 청년 창업이 많아졌다는 것이 주목할 만하다. 이는 단순히 현장에서 뛰는 나의 느낌만이 아니다.

YTN 뉴스에서도 통계청 자료를 인용해서 '20대 사장' 2021년보다 160% 넘게 증가했다고 보도하고 있다.

요즘 TV에서는 요리하는 사람을 요리사라 하지 않고 '셰프(chef)'라 한다. 어느 정도 규모를 갖춘 식당의 조리장(長)을 말하는 것 같다. 방송에서 한참 뜨거운 유명세를 누리고 있는 스타 셰프이면서 대형식당 대표인 최현석이나 이연복을 꿈꾸는 청년들의 꿈은 원대하고 야무지다.

청년들의 도전은 분명히 응원받을 만하다. 그러나 걱정스러운 마음도 없지 않다. TV 요리 프로그램이나 예능 프로그램에서 돈을 많이 버는 인기 셰프들이 자주 출연하는 탓에 너도나도 셰프를 열망하는 청년들이 많아진 것은 우려스럽지 않을 수 없다. 요리만 하는 셰프와 식당 경영주는 엄연히 다르다.

배달을 하면서 청년 사장들의 식당에 자주 가보게 된다. 유독 나이 어린 30대 초반이 많고, 20대 사장도 드물지 않다. 이것은 단순히 한순간 유행의 영향일 수도 있다는 것을 말해준다. 본인의 적성이나 미래 진로에 대한 큰 고민 없이 유행에 따른 결정이 아닌지 의심스러울 때가 많다.

또 특기할 만한 것은 "개업 예정인데요." 하면서 식자재 상담을 해오는 청년 창업의 대부분은 '배달 전문점'이라는 것이다. 홀이 없는 배달전문점은 창업 비용이 상대적으로 적게 든다. 실내 인테리어 비용 등 회수할 수 없는 투자 비용도 절감할 수 있다.

여기다 인터넷이나 SNS 등 전산기기 관련 지식이 출중하다는 점이 반영된 것으로 보인다. 그러나 SNS의 특징은 홍보의 강력한 수단이 되기도 하지만 악플에도 쉽게 노출된다는 단점이 있다. 사장들만 인터넷 달인이겠는가. 손님들도 음식점 정보의 달인이다. 댓글로 사장을 조롱하기까지 하는 세상이다.

배달 플랫폼에 의존하기 때문에 당연히 끝없는 가격 경쟁에 시달린다. 한정된 시장에서 특성화된 나만의 아이템 없이 손님을 확보하려다 보니 우선 가격부터 낮추고 봐야 하는 무한 가격 경쟁을 하게 되는 것이다.

식당은 대부분 후미진 골목 2층에 있다. 내방하는 손님을 받을 필요가 없으니 다소 외지더라도 임대료가 싼 2층을 선호하는 것이다. 건물 자체가 근린생활시설로 허가된 곳이 아니다 보니 환기 시설 같은 청정, 위생, 방화에 취약하다. 손님들의 출입이 없다 보니 긴장된 위생 관념 자체가 없어 보이는 곳도 수두룩하다.

배달전문점이라는 장점을 살려 24시간 운영된다. 그런데 24시간 대기해야 하는 형태이다 보니 순환 근무를 해야 하는데, 야간에 일을 맡아볼 직원을 구하는 것이 쉽지 않다. 대부분 사장의 지인, 특히 알고 지내는 학교 후배들이나 동생들을 야간 직원으로 고용하고 있는 것도 특징이다.

사회 경험과 인맥 구성이 취약한 어린 사장들은 직원 고용에 매우 취약한 형태를 보인다. 젊음의 무기인 체력으로 버티지만 몇 주일 지나다 보면 이들의 눈은 퀭해지기 십상이다.

처음에는 일을 배운다는 자긍심 또는 아는 형님의 부탁으로 일을 맡아 보지만 일에 대한 근본적인 사명감이 없으니 쉽게 그만둔다. 최악의 경우에는 새 직원이 구해질 때까지 며칠이고 식당 문을 닫아야 하는 경우도 있다. 준비가 완전하지 않은 채 창업한 전형적인 사례이다.

새벽 배달을 자주 하는 나는 일부러 청년 사장들의 식당을 새벽 코스로 잡아 보기도 한다. 새벽에 어떻게 근무하고 있는지 궁금한 것이다.

밤샘 근무를 하고 새벽 6시 정도면 이들의 피로도는 절정에 달한다. 책상 위에 엎드린 채로 잠들어 있기도 한다.

나는 사장들에게 24시간제를 고집하지 말 것을 권한다. 야간 근무가 꼭 필요하다면 새벽 2시까지만 영업해도 충분하다. 인생은 그렇게 100미터 뜀박질 선수처럼 죽기 살기로 달리는 것이 아니라고 말해준다.

새로 식당을 창업한 청년 사장님들에게 강조하는 말이 있다.

– 하는 일이 나의 적성에 맞는지 아닌지 늘 살피라.

학교에서 공부만 했을 뿐 몸으로 직접 부딪혀보지 않으면 자신이 무엇을 좋아하는지 알 수가 없다. 사실 우리 세대도 학력고사 성적에 따라 대학을 결정한 전형적인 세대가 아니었는가? 직접 몸으로 부딪혀봐야 자신의 적성을 알 수 있다. 자신의 적성을 살피는 일은 다른 사람이 해줄 수 있는 일이 아니다.

내가 지금 하는 일이 재미있다면 지금 당장 돈이 되지 않는다고 해서 그만둘 일이 아니다. 지루하지만 재미있게 견디다 보면 남들만큼 살게 된다.

아무리 돈 버는 기술이 없어도 좋아하는 일을 오래 하다 보면 돈은 시간이 벌어준다. 그것이 시간이 주는 매력이다.

현재의 자녀 교육, 맹목적 대학 교육 필요한가
– 자녀 뒷바라지에 몰빵하는 것은 노후를 망치는 지름길

나는 초등학교 6학년 막내 딸아이를 키우고 있다. 언니랑은 12살 차이가 나는 늦둥이다. 나보다 젊은 요즘 엄마, 아빠들의 아이 교육에 대한 열정은 실로 두렵기까지 하다. 영어로 이야기하는 어린이집이 있다는 소리도 들었다. 월 수업료(?)가 100만 원 가까이 한다고 한다.(수업료인지 탁아료인지 모르겠다.)

막내가 서너 살쯤일 때 안락동 '문현곱창' 사장님한테로 배달을 갔다. 사장님은 내가 첫 개업 때부터 거래해오신 분이다. 가족들의 이야기를 소상히 알고 계신다. 막내 이야기부터 이것저것 안부를 물어주신다.

그러면서 하시는 말씀이 사장님한테 다섯 살 조카 손자가 있는데 못하는 말이 없단다.

크리스마스를 며칠 앞둔 날, 손자가 사장님 가게에 놀러 왔다.

– 며칠 있으면 크리스마스네. 올 크리스마스에는 누가 무슨 선물을 줄까 기대되네.

라고 하더란다.

사장님은 초등학교 5~6학년쯤 돼야 나오는 문장을 다섯 살짜리가 하고 있다고 혀를 찼다. 요즘 아이들이 영악해진 것인지 영 아이들다운 맛이 없다는 것이다. 옛날 세대들이 상상할 수 없는 아이들의 뛰어난 어휘력은 이해할 만하다. 아마도 책 읽어주기의 효과일 것이라 긍정적으로 생각해본다.

주변의 후배들 중에서 말이 늦되는 아이가 걱정돼서 언어 치료 상담을 받아본 적이 있다는 얘기를 더러 듣는다. 언어 표현이 원활하지 못한 원아들에게 어린이집에서 쉽게 권하는 탓이다. 그러나 실제로 언어 치료가 필요할 정도로 예후가 안 좋은 경우는 비교적 드물다. 치료가 필요한 자폐 증상은 그보다 더 어린 나이에 이미 발견되는 경우가 더 많다.

또 언어치료를 방문 학습지 교재쯤으로 생각하기 쉬운 부모들은 언어치료를 하고 나면 자녀에게서 폭발적인 언어 표현력이 생길 것으로 기대한다. 그러나 이곳저곳 상담센터로 끌려 다니다 보면 아이는 더 불안해진다.

사실 큰딸아이도 어릴 때 어린이집에서 언어치료를 받아보라는 권유를 받은 적 있다. 아들이 크나큰 장애를 안고 태어났지만 나는 큰딸아이의 말이 늦되는 것을 걱정하지 않았다. 큰딸은 별 탈 없이 잘 성장했다. 어릴 때부터 하고 싶어 했던 영상 애니메이션을 전공하고 영상 미디어 부문에서 훌륭한 직장생활을 하고 있다.

요즘 젊은 청년들의 취업 문제가 사회적인 문제가 되고 있다. 오죽하면 연애, 결혼, 출산, 주택, 인간관계를 포기한다는 '5포 세대'라 하겠는가? 사실 취업 문제는 요즘만의 문제가 아니었다.

나는 1990년대 중반에 사회인이 되었다. 지금도 그렇지만 당시에도 대학들의 최대 관심사는 학생들의 취업이었다. 내가 졸업하던 해에는 졸업생들의 취업률이 저조해서 당시에 으레 준비하던 졸업사은회도 취소되었다. 사은회란 4년 동안 가르쳐주신 은사님들을 모시고 감사의 자리를 마련해서 술과 음식으로 서로 축하해주는 자리를 말한다. 그런데 학생들의 취업률이 너무 저조하니 사은회를 마련한다는 것이 민망할 만큼 취업 분위기가 안 좋았던 것이다. 인근 지방대학들의 분위기도 모두 비슷했다.

그로부터 30여 년이 흐르는 동안 지금 우리 자녀들의 사회진출은 더더욱 힘들고 어려워졌다. 거래 업체의 배송직원들이 자주 바뀌기도 해서 서로 인사를 나누는 일이 자주 있다. 전에는 사회통념상 허드레로 육체노동을 하시는 분들은 좀 못 배우신 분들이라고 생각하는 경우가 있었다.

그런데 요즘에는 새로 직장을 구해서 배송일을 다니시는 분들을 보면 전문대졸 이상의 학력을 소유하신 분들이 많다. 배송일을 하는 형님뻘한 분은 부산시 금정구 구청장과 부산대학교 같은 과 동기동창이다.(지금은 전(前) 구청장이 됐다. 2022년 6월 지방선거에 낙선했다.) 50대 후반인 분들이 부산대학을 졸업했다고 하면 당시에는 제법 우등생 소리를 들었을 것이다.

그런데 인생의 후반기에 배송일을 하고 있는 것이다.

행복은 성적순이 아니라는 말이 있다. 그러나 성적순이 아닌 것은 행복뿐만이 아니다. 세속에서 바라보는 출세의 회전의자도 대학 서열이나 학교 성적을 따르지 않는다.

가끔 우리나라의 어긋난 교육열이나 맹목적인 대학 교육에 대해 생각해 보게 된다.

"우리나라 청소년 교육은 청소년기를 미래에 잘살기 위한 투자의 시기로만 보고, 어떻게든 친구들과의 경쟁에서 이겨서 사회적으로 우수한 어떤 직업인으로 살아가도록 할 것인가에만 초점을 두고 있다."

- 『내 인생의 주인공으로 산다는 것』, 원은정

살펴보면 내 주위 식당 사장님들도 아이들 유학비를 마련하기 위해서 무척 힘들게 일하시는 분들이 있다. 자신의 삶은 뒤로 미루고 모든 것을 자녀를 위해 쏟아붓고 계신 것이다. 바람직한 현상이 아니다.

충무동에서 일하는 이모님의 아들은 K대학 대학원을 다니고 있다. 아들은 어릴 때부터 수재 소리를 들었다. 이모님의 아들은 항상 존경받는 친구 아들이었다. 그랬던 아들이 이제 골칫덩어리가 되어있다는 것이다.

그 이모님 말씀이 아들 키우면서 딱 한 번 좋았을 때가 있었다고 한다. 아들이 K대학교에 합격했을 때인데, 다들 너무너무 부러워하면서 축하

반 질투 반의 안부인사가 쏟아졌다고 한다. 그런 아들이 이제 아들이 아니고 웬수란다. 이모님은 마흔이 훌쩍 넘은 아들의 대학원 뒷바라지를 하느라고 새벽부터 나와서 김밥을 싸고 계신다.

우리나라 대학은 상아탑의 진리를 구현하기에는 너무 세속적으로 변해버린 지 오래다. 순수학문을 연구하기 위해서는 대학원을 진학해서 별도의 공부를 해야 한다. 순수학문의 길은 이미 일반 서민의 자제가 걸을 수 있는 길이 아니다. 대학은 이제 직업을 구하기 위한 바로 전 단계의 구실을 하고 있다는 것이 더 현실적인 판단이라고 본다.

요즘 대학생들은 자발적 휴학 1년을 유행처럼 거친다. 여기에 외국 어학연수 과정 1년을 더하기도 한다. 이 모든 것이 졸업하기 직전 취업에 대한 두려움 때문이다. 큰딸이 졸업한 학과만 해도 휴학하지 않고 4년만에 졸업한 학생은 큰딸 포함 단 2명뿐이었다.

자영업자 친구들 대부분이 자녀 교육 때문에 떨고 있다. 세상이 급변하고 있다. 50대인 우리가 지나온 청년 시절과는 판이하게 달라지고 있다. 우리 세대에서 깊이 성찰해야 한다.

특히 영세 자영업자들에게 자녀교육은 큰 위협이자 함정이다. 인생 후반부를 성인이 된 아이들의 뒷바라지로 올인하는 것은 자신의 노후를 망치는 지름길이다.

관계의 어려움
- 멀지도 않게 가깝지도 않게

늦둥이는 올해 6학년이 되었다. 다른 아이들과 마찬가지로 학년이 바뀌면 늘 하는 걱정이 있다. 그것은 반 편성에서 과연 어떤 친구들이랑 같은 반이 될 것인가이다. 우리들도 어렸을 때 나랑 친한 친구들이 같은 반에 많이 배정되었으면 하거나, 저 친구하고는 같은 반이 되지 않았으면 하는 걱정을 했던 기억이 있을 것이다.

어떻게 하면 인기 있는 사람이 될 수 있을까? 친구들과의 사이에서 내가 외톨이가 되지는 않을까. 그래서 친구들한테 과도한 친절을 베풀기도 한다.

박진영 교수의 칼럼 '관계의 어려움'에서 읽은 내용인데 사람들이 관계를 맺을 때는 성장지향형과 결핍감소지향형이 있다고 한다.

성장지향형은 자신감 있는 긍정적인 인간관계를 바탕으로 사람들에게 다가가서 교감을 느끼고 서로 의지한다. 그래서 다른 사람들이 이를 편하게 받아들여서 서로에게서 깊은 우애가 형성된다고 한다.

반면 결핍감소지향형은 사람들로부터 관심 받고 남들과 가까워지고 싶은 욕구는 있지만 친구들이 자신을 싫어하면 어쩌나 하는 지나친 두려움이 많다고 한다. 사랑받고 싶은 자기 자신의 욕구 충족을 위해 친절을 베푸는 경우가 많아 상대방이 부담을 느낀다고 한다. 그래서 결핍감소지향형은 자기 만족도가 낮다고 한다.

막내는 여전히 걱정이다. 더욱이 코로나 대유행으로 학교에 등교했을 때 마스크를 쓰게 하고 친구들하고 이야기도 못 하게 해서 이젠 학교에 가는 것도 심드렁하나 보다. 그런데 새로 반 편성을 해서 친구들을 갈라놓는다니….

아빠는 딸에게 특별히 사이가 나쁜 친구가 아니라면 괜찮은 거다. 싫지도 않고 좋지도 않은 친구들이 많을 때가 제일 좋은 거라고 말해준다.

"딸아, 아이들 때는 함께 어깨동무하고 운동장을 뛰어다니고, 철봉에 매달리고, 같이 그네를 타고 놀아줄 친구들이 최고란다. 나는 저 친구가 좋은데 저 친구가 나를 싫어하면 어쩌지 하고 걱정할 필요가 없단다. 그럴 때는 나와 같이 뛰어놀 만한 다른 친구들과 친하게 지내면 되지. 우정은 꼭 단짝으로 붙어 다녀야만 깊어지는 것은 아니란다."

『퇴계와 고봉, 편지를 쓰다』의 내용을 보면, 퇴계 이황은 수십 년의 나이차에도 불구하고 고봉 기대승이 편지글로 물어오는 일들에 대해 성심껏 답해준다. 고봉에게 첫 편지를 보내는 1558년 명종 13년에 퇴계는 지금의 국립대 총장격인 성균관 대사성이었다. 기대승은 이제 막 과거에

급제한 청년이었다. 이 편지 교류는 1570년 퇴계가 세상을 떠날 때까지 13년간 한 해도 거르지 않고 계속되었다.

글은 서울과 퇴계의 고향을 오가기도 하고 고봉이 사는 곳을 서로 인편으로 보내면서 서너 달이 걸리기도 한다. 요즘처럼 우편이나 전화가 없던 시절에 일일이 인편으로 부친 편지에 세대를 초월한 사람과의 우정이 새삼 그립다.

신영복 선생의 『감옥으로부터의 사색』 증보판 서문을 쓰시고, 『혼자만 잘 살믄 무슨 재민겨』를 쓰신 전우익 선생과 아동 문학가이자 교육가이신 이오덕 선생의 동갑내기 우정은 아빠가 딸에게 이야기해줄 만한 인간다운 우정의 표본이다.

인생에는 서로의 마음을 알아주는 두세 명의 진정한 친구만 있으면 충분하다는 사실은 늦둥이가 아주 많이 더 나이를 먹어야 알 수 있는 일이겠지?

어른들의 대인 관계도 그렇다. 남들에게 좋다고 나에게도 좋은 것은 아니다. 나는 나일 뿐이다. 모든 사람들에게 인정받기 위해서 모든 사람들에게 잘해줄 필요는 없다. 그러다 보면 나만 상처를 받게 된다. 모든 사람들에게서 인정받을 필요는 없다.

사실 이것은 조그만 자영업에서도 마찬가지이다. 거래한 지 오래된 식당 사장님들이 식당에 자주 들리는 손님들 이야기를 할 때가 있다. 손님들이 털어놓는 이런 저런 고민거리들과 관련된 것인데 동생 같은 사람에게 나름대로 해법을 제시해주었다고 내심 무척 자랑스러워하는 것이다.

나는 속으로 걱정한다. 식사 손님들이 밥 먹으러 와서 이런저런 이야기를 하는 것이 꼭 해답을 얻기 위해서일까? 식당 주인이 무슨 상담사도 아니고 자기 고민을 식당 주인이 해결해줄 수 있을 거라고 생각하고 고민을 털어놓는 것은 아닐 것이다.

원래부터 알고 지내는 특별한 경우가 아니라면 식당 주인은 그저 식당 주인 본연의 자세를 유지하면 된다. 그냥 들어주면 된다. 가끔 맞장구나 쳐주고 말이다.

무수히 많은 식당들은 무수히 많은 고객들과 잠재고객들을 가지고 있다. 반대로 무수히 많은 고객들은 오늘 한 그릇 식사를 위한 무수히 많은 식당들을 떠올릴 수 있다. 무수히 많은 식당과 무수히 많은 고객의 관계일 뿐이다.

식당 사장님들 중에는 자신이 무슨 큰 맛집 사장이라는 듯 자랑으로 삼을 때가 많다. 예를 들면 광복동 쪽에 계시는 식당 사장님이 자기집 단골손님 한 분은 저 멀리 금정구에서도 차를 타고 온다는 것이다. 우리 동네 손님들은 수준이 낮아서 우리 식당이 이렇게 잘하는 집인지 몰라준다고 서운해한다.

나는 그렇다고 맞장구를 쳐준다. 요즘 같은 시대에 같은 부산 시내 금정구에서 광복동이 먼 거리인가. 입에 맞는 밥 한 그릇을 위해서 일부러

차를 타고 올 수도 있을 것이다. 그러나 내가 보기에는 광복동에 볼일 보러 왔던 손님이 우연히 전에 한 번 와본 적이 있는 식당에 다시 들린 것일 가능성이 더 많다. 멀리서 손님이 일부러 찾아올 정도면 그 동네 사람들이 그 식당을 몰라줄 리 없다.

우리 식당이 맛집이라서 일부러 찾아 왔다고 자랑삼을 것이 아니라 우연이라도 한 번 왔던 손님이 다른 식당에 가지 않고 다시 찾아준 것에 감사드리는 것으로 만족해야 한다.

아무리 맛집이라도 모든 사람을 만족시킬 수는 없다. 단지 겸허한 자세로 손님들의 이야기를 경청하면 된다. 이 동네는 수준이 낮아서 우리 식당하고는 수준이 안 맞다고 하면 참 곤란하다.

멀리서 오는 한 사람의 손님을 자랑할 것이 아니라 우리 가게 근처에 사는 동네 사람들을 한 사람이라도 더 오게 하는 것이 식당을 위해서 좋은 일이다.

스톡데일의 역설

　코로나는 강력했다.

　2019년 12월 중국 우한에서 처음으로 발견된 코로나바이러스는 곧바로 전 세계로 퍼졌다. 세계보건기구(WHO)는 이듬해 2020년 3월 11일 코로나19를 팬데믹(pandemic)으로 선언했다. 팬데믹이란 세계보건기구가 선포하는 감염병 최고 경고 등급으로, 감염병의 세계적 대유행 상태를 일컫는다. 현재까지 세계보건기구가 팬데믹을 선언한 경우는 1968년 홍콩독감과 2009년 신종플루 그리고 2020년 코로나19까지 세 번뿐이라고 한다.

　우리나라에서는 2020년 1월 20일 중국 우한에서 입국한 중국 국적의 여성이 첫 확진자로 판명된 이후 2년, 2022년 4월 8일 현재 14,983,000명이 확진되었다.

　정부는 위중증 환자의 감소와 전체 인구 네 명 중 한 명이 확진됨으로써 풍토병으로의 전환을 계획하고 있는 중이다. 요 며칠 새 확진자 수가 정점을 지나 감소세로 돌아서자 대학가를 비롯해서 유흥주점들에는 손님들이 조금씩 늘고 있다는 반가운 소식이다.

우리 같은 소규모 자영업자들은 코로나로 굶어죽기 바로 직전이다. 동네 사람들을 상대로 골목에서 장사해오던 횟집, 곱창집, 시장통 입구에서 바로 삶아 파는 즉석 족발집, 평생 식당일 하면서 아들딸 출가시킨 두 내외분이 꾸려가던 김치찌개집, 아주머니가 요리하고 아저씨가 오토바이로 배달하면서 장사해오던 분식집, 밤에만 장사하던 선술집 사장님들은 걱정이 태산이다.

그래도 규모가 작은 식당은 쥐어짜고 또 짜서 버틸 만하다. 규모가 커서 1, 2층 모두를 식당으로 사용하던 돼지갈비 전문점은 가게를 내놓았으나 인수할 업자를 만나지 못해서 인테리어를 원상태로 복구하기로 하고 폐업했다.

장사꾼들은 오늘 하루 장사가 안 되면 늘 노심초사다.

– 우리 집만 장사가 안 되나?

다른 데는 어떠냐고 하소연이다. 이럴 때

– 예, 사장님 식당만 안 됩니다.

할 수는 없는 노릇이다. 대답은 항상 긍정적으로 한다. 사하구 쪽에서는 동래구 쪽을, 금정구 쪽에서는 반대편 부산역 쪽을 둘러댄다.

– 아이고, 사장님은 그래도 꾸준한 편입니다. 동래 허심청하고 부산대 앞쪽에는 거리가 썰렁합니다.

내가 너스레를 떨어주면 사장님은 우선 위로를 받는다. 허심청 부근이라면 그래도 내로라하는 떠들썩한 유흥가가 아닌가. 그런 곳에도 사람이 없다면 나는 그래도 다행이네 하는 마음일 것이다. 그러면 또 하루를 즐겁게 일할 수 있는 것이다.

그런데 냉정하게 생각하면 식당 매출이 떨어지는 원인을 아직도 코로나 유행 탓으로 생각해서는 안 된다. 우리는 경영자가 아닌가.

코로나 팬데믹이든, 전쟁이 터지든, 우리는 그때그때 상황에 맞게 경영 방식을 전환해야 한다. 그래야 살아남을 수 있다. 코로나 유행 이후에 식당 카운터에서 자주 듣게 되는 안내 멘트가 있다.

– 딩동, 배달입니다.

– 딩동, 배달이 완료되었습니다.

배달 플랫폼에서 알려주는 안내 멘트이다. 나보다 훨씬 나이가 많으신 사장님들이 배달 플랫폼에 등록해서 새로운 기기작동을 척척 해내고 계신 분들이 많다.

사용하던 식기도 배달에 용이하도록 1회용, 다회용, 1인용, 2인용 등 크기와 용도에 따라 구색별로 구비해놓고 있다. 그러기 위해서 주방에 달려 있는 선반도 새로 제작해서 짜맞춤해놓은 사장님도 있다.

주방 서비스 하는 사람과 배달 주문에 응대하는 사람이 부딪히지 않도록 동선을 분리해놓고 있는 사장님도 있다. 배달기사가 서성거리면서 식당 손님 출입을 방해하지 않도록 신경 쓰시는 백반집 사장님도 계신다.

엄마와 아들이 하던 부대찌개집은 아예 객장 손님을 받지 않고 포장배달 서비스로 전환했다. 원래 테이블이 4개뿐이라 일정 수준 이상의 매출은 기대하기 어려웠던 집이다. 기존에 사용하던 테이블 위에 각종 포장 그릇들이 질서정연하게 정리되어 있다.

배달 전문집으로 승부하기 위해서 부대찌개 외에 배달 전문 감자탕 브랜드를 새로 런칭해서 주력 메뉴를 하나 더 준비했다.

거래처 사장님들 중에는 막연하게 코로나 끝나면 좀 나아지겠지 하고 생각하는 분들이 있다. 그러나 나는 코로나 종식 이후에도 식당 경기는 계속 안 좋아질 거라고 본다.

이것은 식당뿐 아니라 우리나라 자영업자의 숙명이다. 전체 인구에 비해 자영업자의 비율이 너무 높다는 데 근본적인 이유가 있다. 1955년 전후 태어난 베이붐 세대들이 대거 쏟아져 나오는 중이다. 무언가 해야 할 일거리가 필요한 이 세대들이 자영업자로 변신하게 되면서 대한민국은 자영업자 천지가 되었다.

〈매일경제〉 기사의 한국 외식 산업 연구원 정소윤 선임연구원이 2021년 6월 행안부의 지방행정 인허가 데이터를 분석해 공개한 보고서에 따르면 지난해 창업한 일반음식점은 총 6만 5천 806개이고, 폐업한 음식점은 5만 4천 437개로 집계됐다고 한다. 창업 대비 폐업 비율을 단순 계산하면 82.7%로, 일반음식점 10개가 창업할 때 8개 이상은 폐업한 셈이다.

더욱이 〈한겨레〉의 기사에 따르면 개업한 지 5년 이내에 살아남는 비율은 10곳 중 2개뿐이라고 한다.

나는 '막연하게 코로나만 끝나면 나아지겠지.' 하는 사장님들에게 찬물을 끼얹고 싶지는 않다. 그러나 코로나 팬데믹은 끝날 때까지 끝난 것이 아니라고 말해주고 싶다.

제임스 본드 스톡데일은 해군 폭격기 조종사였다. 그는 베트남전에서 1965년 하노이 힐천 전쟁 포로 수용수에 갇혔다가 20여 차례의 고문을 당하고도 살아남아 1973년 풀려났다. 전쟁이 끝나자 포로에서 풀려난 스톡데일은 최고 훈장을 받고 전쟁 영웅으로 미국인의 존경을 받았다. 스톡데일을 면담했던 짐 콜린스는 그 느낌을 자신의 저서 『좋은 기업을 넘어 위대한 기업으로』에 기록하고 있다. – 참고: 『사장으로 산다는 것』 서광원

수용소 생활을 견디지 못한 사람들은 역설적이게도 모든 것을 낙관적으로 보고 우리는 이제 곧 풀려나갈 거라고 믿었던 사람들이라는 것이다. 우리는 크리스마스 때까지는 풀려나갈 거야, 크리스마스가 지나가면 부활절까지는 나갈 거야. 부활절이 지나면 추수감사절, 그러고는 다시 다음 크리스마스를 고대한다. 그러다가 상심해서 죽는다는 것이다.

반면에 쉽게 나갈 수 없다는 현실을 바로 보고 대처하면서 반드시 살아서 돌아가겠다는 의지를 다진 '현실주의자'들은 길고 힘든 포로 생활을

이겨냈다는 것이다. 이것을 스톡데일의 역설이라고 한다.

낙관적인 생각을 가지는 것은 어려운 상황에서도 희망을 보게 하고 다시 도전할 수 있는 용기를 준다. 그래서 낙관적인 사고는 살아가는 데 큰 힘이 된다. 그러나 경영에서는 현실을 무시한 낙관적인 생각은 오히려 당면한 문제를 해결하는 데 방해가 되기도 한다.

우리는 소규모 영세 자영업자이지만 엄연한 경영자이다. 경영자는 막연한 기대에 따른 판단을 해서는 안 된다. 상황이 더 나빠질 수 있다는 가정을 하고, 최악의 상황에 대비하는 능력을 키워야 한다. 눈앞에 닥친 현실을 직시하고 발생할 수 있는 가장 냉혹한 상황들에 항상 보수적으로 대비하는 긍정적인 현실주의자가 되어야 한다.

나무는 한겨울에도 자란다

2001년 쌀가게 행복한쌀창고를 개업했다. 개업 직후 죽기 살기로 매달린 일은 우리 쌀가게를 알리는 홍보 전단을 돌리는 것이었다. A4 크기 전단지에는 취급하는 쌀과 잡곡류들의 가격을 표시하고 우리 가게를 소개하는 짧은 문구가 적혀 있다.

내 가게가 있던 부산 동래구 안락동은 오래된 주거 지역이라 4~5층의 다세대 주택들이 많았다. 주택들이 밀집된 골목을 찾아 건물 1층부터 제일 꼭대기까지 계단을 올라가면서 현관 입구에 전단을 붙이는 것이다. 인터넷 하나로 전세계가 연결되는 마당에 이 무슨 짓거리인가 싶겠지만 그때는 그랬다. 호랑이 담배 피던 시절 이야기가 되었다.

더구나 요즈음은 남의 집 현관에 광고 전단을 붙이면 가택 침입이나 사유재산 손괴 이런 걸로 당장 잡혀가게 될지도 모른다. 하여간 당시에는 통닭집, 피자집, 중국집, 세탁소 등에서 만든 전단 광고들이 현관문 앞에 덕지덕지 붙었다. 그런데 대규모 아파트가 들어서면서 전단홍보 작업이 수월치 않게 되었다. 새로 들어서는 아파트는 보안시설이 엄격해져

1층 현관 입구부터 폐쇄장치가 있어서 출입 자체가 불가능했다.

그래서 생각한 것이 신문 배달하는 사람들과 같은 시간대에 전단을 돌리는 것이다. 낮에는 외부인 출입이 제한적이더라도 신문을 돌리는 새벽 시간에는 잠시 현관문이 열려 있는 것이다.

새벽시간에 그 시간을 맞춰 현관문이 개방되어 있는 곳부터 먼저 전단 작업을 시작했다. 계단을 내려오면서 전단을 붙인다. 열심히 계단을 오르내리다 보면 어느새 땀에 흠뻑 젖는다.

그러나 이 작업도 금방 제동이 걸린다. 계단을 내려오는 층수에 따라 자동 센스등이 차례차례 켜졌다가 꺼지는 것을 수상하게 생각한 경비아저씨들이 이내 따라오는 것이다. 현관문에다 전단을 붙이면 주민들로부터 항의가 들어와서 곤란해진다고 주의를 주었다.

개업 후부터 5~6년 이상을 거의 매일 새벽 3시쯤에 기상해서 아파트 단지나 다세대 주택이 밀집된 골목을 돌았다. 전단홍보 작업 효과는 정말 미미했다. 전단을 1,000장쯤 돌리면 신규 주문전화가 4~5건이 될까 말까 했다. 이런 일을 정말 계속 해야 하나 하는 생각이 들었다. 정말 지루한 작업이었다.

쌀집을 개업한 지 20년이 넘은 지금은 더 이상 가정집을 상대로 장사하지 않게 되었다. 대신에 식당이나 병원처럼 쌀 소비가 많은 사업체를 대상으로 한다. 그래서 요즘에는 식당용 홍보 전단을 열심히 돌린다.

모든 식당 사장님들은 필요한 식자재를 공급받는 거래처를 가지고 있다. 쌀도 마찬가지다. 그러나 누가 새로운 전단을 가져왔다고 해서 바로 거래처를 바꾸지는 않는다. 그래도 나는 꾸준히 전단을 돌린다.

유통업체들에서 거래하는 식당을 보면 매출 규모가 매우 다양하다. 누구나 알 만한 소문난 맛집 식당부터 테이블 두세 개뿐인 식당까지. 거래처가 170군데 이상은 확보되어야 경기에 영향 받지 않고 안정적인 소득을 유지할 수 있다. 그러기 위해서는 기존 고객을 잘 유지해야 하고, 동시에 새로운 고객을 꾸준히 확보해야 한다.

효과가 미미할지라도 쉬지 않고 전단을 돌려서 나를 알린다. 당장 거래처를 바꾸라고 하지 않는다. 스티커랑 전단지 가지고 계시다가 지금 거래처와 문제가 있을 때 제일 먼저 나를 불러달라고 부탁드린다.

전단 돌리기는 돈들이지 않고 할 수 있는 가장 기본적인 홍보 방법이다. 나의 정신 수양 방법은 백일기도나 묵언참선처럼 복잡하지 않다. 전단을 돌리는 것은 나의 정신 수양 방법이고 취미생활이고 곧 운동이다.

신영복 선생의 옥중 서신이 깊은 여운을 남긴다.

"햇빛 한 줌 챙겨줄 단 한 개의 잎새도 없이 동토(凍土)에 발목 박고 풍설(風雪)에 팔 벌리고 서서도 나무는 팔뚝을, 가슴을 그리고 내년의 봄을 키우고 있습니다." – 『감옥으로부터의 사색』, 신영복

멈춰 있는 것같이 아주 느리지만 한 겨울의 나무처럼 나는 여전히 성장하고 있다.

수주대토守株待兎
– 미련한 토끼가 될 수는 없다

우리 가게의 고객은 식당 사장님들이다. 2~3년 이상 거래해온 거래처도 있고 15~16년 이상 거래한 손님도 많다. 매달 새로운 고객이 생겨나고 있고 반대로 여러 가지 이유로 다른 쌀집으로 옮겨가는 거래처도 있다.

새로 들어오는 거래처는 실시간 확인이 되지만, 옮겨가는 식당거래처는 실시간 체크가 되지 않는다. 어느 날 '아, 범일동 사장님이 주문이 없네?' 하고 문득 생각나면 마지막 주문 들어온 지가 벌써 두세 달이나 지나가렸을 때가 많다. 범일동 사장님은 어떤 이유가 생겨 구매처를 옮긴 것이다.

식당 사장님들도 수 년 또는 수십 년간 식당을 경영해오면서 알고 지내는 쌀집들이 한두 군데가 아닐 것이다. 꼭 우리 가게만 이용하라는 법이 없다.

－ 쌀 품질이 떨어진다.

－ 쌀 가격이 비싸다.

- 쌀집 사장이 불친절하다.
- 알고 지내던 쌀장사가 찾아와서….

라는 등의 어떤 항의를 하고 거래를 끊는 것은 오히려 낫다. 문제점은 반영해서 고치면 되기 때문이다. 떠나가는 사람은 절대 말이 없다. 그냥 연락이 없다.

어쩌다 급해서 한두 포 다른 쌀집에서 사게 된 것인지, 시골에서 쌀이 올라와서인지, 구매처를 아예 옮긴 것인지 알 수가 없다.

새로운 고객을 발굴하는 홍보 활동을 하지 않으면 거래 고객은 계속 줄어들게 되어 있다. 들어오는 물이 없고 나가는 물만 있으면 바가지 속의 물이 줄어드는 것은 당연한 일 아닌가?

내가 가장 꾸준하게 해오고 있는 작업이 배달 가는 식당 바로 옆에 있는 식당들에 전단을 돌리는 것이다. 나는 요즘도 부산 시내 어디든 식당이 밀집한 곳이나 새로 개업한 식당을 보면 홍보 전단을 가지고 열심히 우리 가게를 홍보한다. 금정구 쪽 배달 코스가 잡혀 있으면 배달만 끝내고 지나치는 것이 아니라 같은 방향의 식당 골목을 돌면서 우리 쌀가게 전단을 돌리는 것이다. 이십여 년 된 몸에 밴 습관이다.

자영업은 화려한 세계가 아니다. 어느 정도 수입이 안정적으로 성장된 사장님들을 보면 홍보 작업을 멈추는 분들이 많다. 결과가 바로바로 나타나는 일이 아니다 보니 홍보 작업에 대한 피로감도 있다. 그러나 신규 고객을 끌어들이기 위해서는 우리 쌀가게 홍보 작업이 필수적이다. 어쩌랴 나의 직업인 것을. 나는 오늘도 우리 가게 홍보 전단을 돌린다.

어떤 조직이든 매달 달성해야 할 목표는 명확하고 구체적이다. 자동차 판매점 같은 데 가보면 '50대 판매 달성' 하는 식으로 구체적인 목표를 세운다. 그러나 나는 하루에 5백만 원을 팔아야지 하거나, 이번 달에 신규 거래처 10군데를 확보해야지 하는 식의 목표를 세우지는 않는다.

대신에 하루에 전단 20장씩을 꼭 돌려야지 하는 목표를 세운다. 그리고 약속을 꼭 지킨다. 한 달에 4백~5백 장의 전단을 돌리는 셈이다.

0.5% 확률! 내 경험으로는 전단 200군데를 돌리면 신규 거래처 한 곳이 생겨난다. 직접 전단을 돌리고 직접 전화를 받아본 사람으로서 느끼는 경험에서 나오는 동물적인 느낌이다.

매일 꾸준히 20장의 전단을 돌리는 나는 매달 신규 거래처 2~3곳을 확보하게 된다. 구체적 실천이 구체적 목표를 달성하는 것이다. 꾸준함의 힘이다. 너무 멀찌감치 목표를 세워놓으면 지쳐서 달성하기 어렵다. 내적 동기의 상실이 일어난다. 지레 포기하는 것이다.

전단을 돌리다가 같이 장사하는 사람들을 만나는 경우가 있다. 내 손에 전단이 들려 있는 것을 보고 말한다.

─ 아이고, 하 사장은 지금도 전단을 돌리나?

– 그거 보고 전화하는 사람 있더냐?

대충 이런 반응들이시다. 하기는 나이가 쉰 중반에 이르렀는데도 나처
럼 전단을 돌리고 있는 사람은 보기 드물다. 사실 나 스스로도 내심 언제
까지 전단을 들고 다녀야 하나 하는 자괴감이 들 때도 있다. 하지만 분명
히 말한다.

– 예, 도 닦는 기분으로 돌립니다.

송나라 때, 한 농부가 밭을 갈고 있었다. 그런데 어디선가 급하게 달
려오던 토끼가 나무 그루터기에 부딪혀 목이 부러져 죽어버리는 것이 아
닌가? 난데없이 토끼 한 마리를 얻은 농부는 이튿날부터 밭일에 관심이
없어졌다. 나무 그루터기를 지키고 앉아서 토끼만 기다렸다고 한다.

송나라의 웃음거리가 된 농부처럼 저절로 살길이 생겨나기를 기다릴
수는 없지 않은가.

받아들이자, 세상은 불공정하다
– 인정하라, 삶은 공정하지 않다

34살에 대표가 됨으로써 대한민국 정당사에 한 획을 그었다는 이준석 대표는 자신이 하버드에 진학한 것은 최고로 공평한 시험을 통해서였다고 언급함으로써 대한민국에 공정과 능력주의에 대한 바람을 몰고 왔다. 이 대표의 말대로 시험 성적은 숫자로 정확하게 표현되는 점수로 구분되어 등급이 나눠지기 때문에 제도적으로는 제일 공평하다고 볼 수 있다. 일견 옳은 말이다.

그러나 대한민국에서 교육의 기회는 출세의 기본 바탕이 된다는 점을 생각할 때 옳다고만 보기는 어렵다. 우선 좋은 대학을 가기 위해서는 좋은 고등학교를 가야 한다. 고소득 계층에서는 아이를 좋은 고등학교를 보내기 위해서 중학교 시절부터 학원, 개인과외 등을 필수적으로 거치게 한다. 이것이 어떻게 기회의 균등이겠는가.

2021년 10월 1일 〈한겨레〉 안선희 기자가 소개한 『한국의 능력주의』(박권일 지음)라는 책을 소개한 칼럼에 저자 박권일의 인터뷰가 있다.

"한국에서 벌어진 공정성 시비의 절대다수는 결과가 불평등해서가 아니라 과정이 불투명하다는 불만에서 비롯됐다."는 것이다.

그렇다. 문제는 과정이다. 중학교 시절부터 개인 사교육을 받아온 학생의 시험성적과 그렇지 못한 흙수저의 시험성적이 어떻게 공평하다고 할 수 있겠는가?

능력주의라는 단어는 영국 출신 사회학자인 마이클 영이 자신의 소설 『능력주의(The Rise of the Meritocracy)』에서 처음 사용했다. 소설은 능력주의가 최선의 공정한 사회라고 믿는 세상에서 소수 강자들의 이익만을 대변하는 사회를 비판한다. 소수 강자들의 사회! 소설의 미래 사회에는 약자를 대변해야 할 진보정당에 성공한 변호사, 사업가들로 가득 차 있다. 대한민국의 현실 같지 않은가? – 참고: 『모두를 위한 사회과학』, 김윤태

우리는 먹고살기 팍팍한 자영업자다. 세상이 공정하지 않다는 것을 먼저 인정해버리면 일에 집중하기가 한결 수월하다. 억울하다고 생각하지 말자. 나쁜 조건은 없다. 불공정을 자산으로 삼자. 이럴 때는 젊어 고생은 사서도 한다는 속담을 가슴에 담아버리자.

한근태 한스컨설팅 대표는 일명 '고생 총량 보존의 법칙'을 주장한다. 일생 동안 사람이 하는 고생의 총량은 똑같다는 것이다.

많은 사람들이 금수저, 흙수저 하고 싸운다. 사회 여기저기에 존재하는 불평등을 개선해나가야 한다고 주장한다. 경쟁은 공정하고 결과

는 정의로워야 한다고 한다. 물론 그렇다. 불평등이 있어서는 안 될 일이다. 불평등, 불합리는 제도적인 개혁을 통해서 반드시 고쳐야 한다. 당연히 그렇게 되어야 한다.

그러나 개개인 민초들의 삶을 보면 인생이 불공정하다는 것을 받아들이고 인정하는 태도를 가지는 것이 살아가는 데 유리하다. 이런 태도가 오히려 인생을 풍요롭게 해준다. 정신건강 측면에서도 훨씬 좋다.

왜냐하면 긍정적인 체념은 현재의 상황에서 최선을 다하도록 해주고, 더 이상 자신을 괴롭히지 않게 해주기 때문이다. 또 사람들의 능력은 제각각 다르며 저마다 독특한 힘과 개성을 갖고 있다는 것 또한 인정하기 쉽게 해준다. - 참고: 『우리는 사소한 것에 목숨을 건다』 리처드 칼슨

리처드 칼슨이 인생이 불공정하다고 말하는 것은 여러분들의 도전 정신을 깎아내리고 실망시키기 위해서가 아니다. 오히려 그 반대로 주어진 여건에 낙담하지 말고 악착 같은 노력으로 여러분의 상황을 뛰어넘기를 바라는 마음이 담겨 있다.

요즘 엄마 아빠들이 자녀들에게 자주 하는 말이 있다.

- 대학에 가면 모든 것을 할 수 있어.
- 대학에 가면 이성친구도 사귈 수 있어.
- 술도 마실 수 있고 어른 흉내도 낼 수 있어.

여러분도 많이 해보셨을 것이다.

우리 역시 중고등학교 시절에는 모든 것을 내려놓고 공부에 전념해야 한다는 말을 자주 들어본 적이 있다. 우리는 부모들로부터 "지금은 힘들지만 나중에는 나아질 거야." 하는 말을 끝없이 들어왔다. 또 무의식중에 우리 자녀들에게 그렇게 가르치고 있다.

이런 교육은 우리에게 어린이에서 청소년으로, 청소년에서 어른으로 또 중년으로 변해가는 동안 인생의 굽이굽이마다 여기를 벗어나면 뭔가 나아져 있을 거라는 환상을 가져다준다. 지금은 취업준비생이지만 직장에 들어가면 뭔가 좋은 일이 있을 것 같이 생각된다. 지금은 남자친구가 없지만 남자친구가 생기고 나면 뭔가 애틋한 로맨스가 기다리고 있을 것만 같다.

그런데 여기서 우리가 한 가지 놓치고 있는 것은 무엇일까. 그것은 바로 '현재'라고 리처드 칼슨은 말한다. 행복이란 것은 지금 이 순간에 만족하느냐 아니냐에 따라 결정된다.

우리는 미래에 대한 환상을 가지고 있지만 인생은 그렇게 호락호락하지 않다. 인생은 우리가 어떤 계획을 세우면서 우물쭈물하는 사이에 또 다른 큰일들을 만들어낸다. 아이들은 어느새 자라서 엄마 아빠의 품을 떠난다. 우리의 몸도 늙고 병든다. 미래에 대한 꿈들은 헛되이 사라지기도 한다.

어느 누구도 자신의 미래가 계획대로 이루어질 수 있다고 예언할 수 없다. 여러분의 과거는 흘러갔으며 미래는 아직 오지 않았다. 오직 현재만이 내가 지배할 수 있는 시간이다. 지금 이 순간 현재에 집중해야만 행복과 만족을 가져올 수 있다.

지금 여러분의 현재에 집중하라.

우리가 귀에 못이 박이도록 들어본 적 있는 이야기가 있다. 정신과 의사 조지 월튼은 『why worry?』에서 걱정의 40%는 절대 일어나지 않을 일, 30%는 이미 일어났던 일, 22%는 아주 사소한 일이라고 한다. 그리고 4%는 우리가 아무리 노력해도 바꿀 수 없는 문제라고 한다. 나머지 4%만이 우리가 노력으로 해결할 수 일이라고 한다. 대다수의 사람들이 과거의 문제와 미래에 대한 걱정들이 현재의 나를 지배하도록 내버려두고 있다.

우리는 자신에 대해 초라함을 느낄지 모르지만 또 다른 어떤 이들에게는 부러움의 대상일 수 있다. 인생은 공정하지 않다. 운명은 불공정하다. 과거 여러분의 모습이 현재 여러분의 모습을 결정했다면 미래 여러분의 모습은 현재 여러분이 보내고 있는 시간이 결정한다.

스스로 질문하시라. 현재 여러분의 모습은 과거 여러분이 상상했던 모습이 맞는가? 지금 나는 무엇을 하고 있는가? 지금 어디에 관심을 쏟고 있는가? 내가 정한 목표를 이루기 위해 어떤 노력을 하고 있는가?

세상은 불공정하다. 대다수의 우리들은 신에게서 버림받았다. 세상의 불공정을 온몸으로 느끼라. 그러나 불공정을 고치기 위해서 노력하라.

– 참고: 『내 인생의 주인공으로 산다는 것』 원은정

능력주의 최대 다수 최대 행복
– 집단의 목표와 화합을 개인의 자유보다 우선한다

최근 사회적 약자들의 입장에 있는 사람들의 목소리가 계속 나오고 있다.

2022년 3월 28일 〈한겨레〉는 전국장애인차별연대(전장연) 장애인들이 이동권·교육권·노동권·탈시설 권리 등을 보장해달라고 요구한 데 대해 국민의 힘 이준석 대표가 자신의 페이스북에 글을 올려 '불특정한 최대 다수의 불편이 특별한 우리에 대한 관심'이라는 투쟁방식을 용인한다면 우리 사회의 질서는 무너진다고 했다고 보도했다.

어딘가 익숙한 장면이 떠오르지 않는가? 옛날 9시 뉴스에 자주 나오던 화면이다. 민주화 시위나 노동쟁의로 인해 교통이 막힌다. 시위대를 피해 지하철역으로 가는 출근길 시민들이 불편해한다. 이런 영상이 계속 나온다. 대중들을 불편하게 하는 소수의 외침은 다수의 불편을 초래하는 사회악이라는 의식을 심어준다.

이준석 대표가 언급한 불특정한 다수의 불편이라는 말에서 우리는 최대 다수 최대 행복을 떠올린다. 사회시간에 외운 벤덤의 이론이다. 19세기 영국 공리주의의 기본 원칙이다. 가장 많은 사람들에게 가장 큰 행복을 주는 행위가 최선(善)이라는 의미이다.

최대 다수의 최대 행복은 다르게 말하면 소수의 행복은 사회 다수의 행복을 위해 희생되어도 좋다, 또는, 희생되어야 한다는 뜻을 내포하고 있다. 우리는 학창 시절 윤리 시간에 배운 이것을 금과옥조의 정의로 알고 배우고 외웠다.

그런데 시위에 나선 사람들이 같은 시대를 살아가고 있는 최대 다수가 아니라면 이준석 대표가 말하는 최대 다수는 누구를 말함인가? 정치의 출발은 측은지심이다.

정치인은 마음을 열고 한없이 약한 저들의 목소리에 귀 기울여야 한다. 낮은 자세로 소통하여야 한다. 정치인들이 그들의 소리에 귀 기울이지 않으면 약자들이 소리칠 방법이 없지 않은가?

나는 같이 배달 일을 배우는 젊은 친구들에게 말한다. 애석하지만 우리가 '선택할 수 있는 기회'는 균등하지 않음을 쿨하게 인정해버리고 시작하라. 세상은 가진 자들의 세상이 되어가고 있음을 받아들여야 한다는 말이다. 그래야 긍정의 자세로 일할 수 있다.

그렇다고 우리는 우리가 가진 것 없음에 먼저 부끄러워해야 할 이유도 없다.

MAKE
YOUR
DESTINY

5

인생은
한 방향으로
버티는
힘이다

가늘고 길게, 운동은 기본이야

두어 달 전에 갑자기 귀에서 이상한 소리가 들렸다. 이명이다. 오른쪽 귀에서 핸드폰 진동이 울리듯이 붕 하는 소리가 들린다. 낮에는 잘 느껴지지 않다가도 밤에 잠들기 전에 들리기 시작한다. 특히 밤중에 잠시 깰 때 귀에서 나는 소리가 예민하게 신경 쓰인다. 이런 때는 새벽 기상 알람이 우는 때까지 다시 잠들지 못할 때가 많다.

이비인후과에 들렀다. 의사는 확신이 가지 않는 듯했다. 우선 약을 1주일간 먹어보자고 했다. 보니 혈류순환 개선제였다. 특별한 치료약이 없다는 뜻이다. 그저 노화 증상이니 참고 살아야 하나? 약을 먹고 나서도 별 차도가 없었다.

이제는 낮에 일을 하다가도 잠깐씩 수시로 한 쪽 귀를 막고 이명이 들리나 안 들리나 확인해보게 되었다. 자꾸만 신경이 귀로 쏠렸다.

자주 만나는 이상준 형한테 이야기했다. 상준 형은 내가 좋아하고 비슷한 일을 하고 있어서 자주 만나는 사이다. 대학시절 헤비메탈 음악에 미친 적이 있어서 전자기타를 잘 다룬다. 늘 블루투스 이어폰을 끼고 산다.

상준 형은 별일 아니라는 듯이 말했다.

– 아이고, 나는 벌써 몇 년 됐다. 소리도 작은 소리가 아니고 '쨍' 하는 소리가 난다. 지금도 난다 아이가!

– 어? 언제부터예? 그런 이야기 한 번도 안했다 아임니꺼?

– 머할라꼬 신경 쓰노? 죽을병도 아닌데 신경 쓰지 마라.

엥? 상준 형은 나처럼 작은 소리도 아니고 '쨍' 하는 소리가 난다고 한다. 그런데도 죽을병이 아니라고? 그런가? 이명이 그렇게 간단한 문제였나?

상준 형의 대수롭지 않은 대구에 이상하게도 마음이 편해졌다. 한동안 까먹고 지냈다. 신기한 일이 생겼다. 어느 순간부터 이명이 들리지 않았다. 허?! 한순간의 스트레스 작용인지도 모르겠다. 이제는 무릎이 쑤시거나 어깨가 결려도 죽을병도 아닌데 낫겠지 뭐 하는 습관이 생겼다.

정신분석학적 연구에서는 예전에는 몸과 마음이 따로 존재한다고 믿었다고 한다. 그런데 최근의 연구에서는 몸과 정신은 같이 작동한다고 보는 것이 정설이라고 한다. 몸이 아프면 정신도 우울해지고 거꾸로 정신이 불안하면 몸에도 병이 생긴다는 것이다.

한 오륙년 전부터 마음이 우울해지면 자동적으로 하는 운동이 있다. 무슨 거창한 운동이라기보다는 책상 옆에 줄넘기를 걸어놓고 수시로 뛰어본다. 줄넘기는 전에 같이 일했던 황부장이 추천한 운동이다. 황부장은 복싱을 했다. 황부장 말로는 근력과 리듬 감각을 깨우는 데는 줄넘기만 한 운동이 없다는 것이다.

황부장은 쌀 이외에 식재료 부문을 보강하기 위해 동생 삼아 데려온 직원인데 같이 일하는 동안 한 번도 지각을 해본 적이 없는 근면하기 이를 데 없는 친구다. 친형님 대하듯 나를 챙겨서 내가 아주 믿었던 식구 같은 사람이다. 그런 황부장이 추천하는 운동이니 오죽했겠는가.

– 아니 줄넘기가 그렇게 좋은 운동이야?

귀가 솔깃해서 당장 줄넘기를 시작한다고 수선을 떨었지만 때려치우기를 수십 번 했다. 서너 번도 뛰기 전에 발에 걸려서 대여섯 번을 넘기기가 어려웠다. 나이를 먹어서 다리가 오그라들었나 싶었다. 그러기를 한 오년 넘었다. 이제 단번에 백 번은 수시로 넘는다.

– 에계? 겨우 백 번?

아이고, 그런 소리 마시라. 내가 무슨 줄넘기 선수도 아니고 달리기 패턴으로 백 번을 서너 번 하고 나면 심장이 제법 뛰고 이마에 땀도 제법 맺힌다. 기분도 곧장 좋아진다.

내게는 줄넘기만 한 운동이 없다. 사람들과 시간 약속을 할 필요도 없다. 골프처럼 운동을 하고 난 뒤 식사를 한다, 커피를 마신다 하는 인맥 관리를 할 필요도 없다. 마음 내키면 책상 옆에 있는 줄넘기를 들기만 하면 된다.

마음에 드는 운동을 찾아 당장 시작해보시라. 내가 늘 주장하는 말이 있다. 자영업자는 가늘고 길게 한다는 생각을 가져야 한다.

퇴장당하지 마라, 우리는 타격왕
– 성공하는 사람은 실패와 더 친하다

각자 처한 환경에서 굴하지 않고 씩씩하게 행복한 삶을 살고 있는 사람들에게 박수를 보낸다. 나는 스포츠를 별로 좋아하지 않지만 내가 감동적으로 본 장면이 있다.

국민들의 무관심 속에 진행된 '2019년 프랑스 여자 월드컵'이다. 전 국민의 관심이 남자 청소년 월드컵 대표팀에게 쏟아지고 있었다. 윤덕여 감독이 이끄는 우리나라 여자 축구 대표팀은 노르웨이와의 경기에서 패한 뒤 눈물을 터트리며 다음을 기약해야만 했다.

우리나라 여자 축구 대표팀은 6월 8일 프랑스에게 4대0, 6월12일 나이지리아에게 2대0으로 패한 데 이어 18일에는 노르웨이와의 조별리그 A조 최종 3차전에서 페널티킥으로만 2골을 내주며 16강 진출에 실패했다. 하지만 끝까지 포기하지 않고 투지를 불태운 우리 여자 대표팀은 경기가 끝난 뒤 서로 부둥켜안고 눈물을 터트렸다.

여자 대표팀은 16강 진출에는 실패했지만 국민들의 무관심을 생각한다면 새로운 길을 개척해가는 선구자임이 분명했다.

성공한 사람들은 성공보다 실패와 더 친하다고 한다. 현실은 괴롭고 끝이 보이지 않는 절망뿐이지만 끝까지 도전하고 또 도전한다. 자기 자신과의 싸움에서 마침내 이겨낸 것이다.

야구선수 이정후는 '바람의 손자'다. 아버지 이종범 선수가 '바람의 아들'로 불렸기 때문이다. 이정후(키움 히어로즈)는 2022년 4월 17일 서울 잠실구장에서 열린 프로야구 두산 베어스와의 경기에서 5회초 무사 3루에서 안타를 쳤다.

이정후의 KBO리그 개인 통산 900번째 안타다. 이정후는 670경기 만에 900안타를 채웠다. 이정후의 나이 만 23세 7개월 28일 만이다. 아버지 이종범 선수가 현역 시절 698경기 만에 달성한 '최소 경기 900안타' 기록을 28경기나 앞당겼다.

이정후는 2021년 타격왕이다. 1994년 0.393의 타율로 타격왕이 된 아버지를 이어 세계 최초 '부자(父子) 타격왕' 이라는 대기록을 달성하기도 했다.

야구경기에서 타율은 안타 수를 타격 수로 나눈 것이다. 이는 곧 타자가 투수가 던진 공을 치고 1루까지 살아나간 선수 개개인의 성적인 셈이다. 한국 야구에서 타율로 본 최강 타자는 1982년 프로야구 원년 백인천 선수다. 그가 세운 타율은 0.412이다. 이후 4할 대 타자는 한국 야구에서는 나오지 않았다.

3할 대 타율은 자타가 인정하는 강타자다. 2021년 타격왕 이정후의 타율은 0.360이다. 백분율로 36%다. 열 번 중에 서너 번만 공을 때려내도 최강타자에 속한다는 뜻이다. 반면에 1루조차 밟아 보지 못하고 아웃되는 경우도 7번 정도나 된다.

야구 경기의 타격왕조차 열 번 등판해서 일곱 번 정도 아웃되고 겨우 서너 번 정도가 1루까지 살아갈 뿐이다. 하물며 삶에 있어서랴.

성공하는 사람들은 자신의 꿈과 목표를 이루기 위해 끊임없이 도전하기 때문에 당연히 실패할 확률도 더 높은 것이다. 성공한 사람들은 실패를 마다하지 않는다. 두려워하지도 않는다.

성공은 수십 번의 작은 실패 끝에 찾아온다고 한다. 시련이 찾아왔을 때 불평하거나 회피하지 마라. 여러분이 꿈꾸는 인생은 바로 그 시련 속에서 성장한다. 타격왕 이정후 선수처럼 열 번 도전해서 일곱 번 실패하더라도 나머지 세 번을 성공하는 것이 인생이다.

퇴장당하지 않고 버티다 보면 우리도 언젠가는 3할 대 강타자가 된다.

존버, 버티고 또 버틴다

이외수 선생이 작고하셨다. 존버의 창시자시다. 이외수 선생을 생각하면 기억이 고딩 때까지 거슬러 올라간다.

85년 언저리… 내가 살던 곳은 시골 중의 시골인데 친구네 집에 놀러 갔다. 두꺼운 안경을 쓴 친구는 당시 나보다는 좀 더 성숙해 있었다. 친구가 쓰는 방에서 여자처럼 머리를 길게 기른 젊은 이외수의 사진을 보았다. 깡마른 기인처럼 생각되었다. 어른이 되어서야 『들개』, 『벽오금학도』를 읽었다. 고향집 책꽂이 어딘가에 이외수가 꽂혀 있을 것이다. 나이가 들어서는 트위터에서 맞팔이 되었다.

이외수 선생이 2012년 6월 27일 트위터에 썼다.

"'존버'의 뜻에 대해 어린이가 물으시면, 어떤 어려움이 닥치더라도 존경받는 그날까지 버티자는 뜻이라고 대답해 드리고, 어른이 물으시면 '존나게 버티라'는 뜻이라고 대답해 드리겠다."

존버! 외설스런 욕설이 연상되지만 '끝까지 버틴다'는 뜻이다.

'버틴다'에 대해 생각해봤다. 버티는 것은 끝까지 살아남는다는 것이다. 여기서 살아남는다는 것은 싸워서 이긴다는 뜻과는 다르다. 이기는 것은 최후의 혼자를 의미하지만 살아남는다는 것은 '함께'라는 단어와 같이 쓸 수 있다. 다른 사람과의 경쟁은 생각조차 할 수 없다. 겨우 숨만 붙어 있다. 우선 살아 있는 것이 목적이다. 살아남아야 성공이든 뭐든 할 수가 있다.

이기려고 애쓰지 마라. 우선 버티는 데 집중하자.

버티자. 그러면 기회가 올 것이다.

다 같이 끝까지 존버!

여러분 이 사진을 보신 적 있는가? 인터넷에 떠돌던 인기 사진이다.

배고픈 두루미 한 마리가 개구리를 집어 삼키는 장면이다. 두루미의 한 입 식사로 삶을 마감하기 직전에 개구리가 마지막 힘을 다해서 두루미의 목을 움켜쥔다. 개구리에게 느닷없는 일격을 당해 목이 졸린 두루미는 숨을 쉴 수 없다.

이 싸움에서 누가 이길 것 같은가?

정답은 버티는 쪽. 포기하지 않는 쪽.

세상에는 쉽게 성공한 사람보다 오랜 세월 길고 긴 무명의 세월을 버티면서 기회를 얻어 이긴 사람이 더 많다.

50~60대들은 기억할 것이다. 가수 현철은 1988년 〈봉선화 연정〉으로 KBS 가요대상을 수상했다. 1969년 28세에 데뷔해서 47에 이름을 날린 것이다. 무려 20년 세월이 흘렀다. 오십을 바라보는 그가 가요대상을 수상했을 때 억센 부산사투리로 "뺀(팬) 여러분, 고맙습니다." 하고 오열하던 모습을 기억한다.

세상에는 성공한 사람들이 많다. 그들의 공통점은 자신이 하고 있는 일에서 삶의 의미를 찾았다는 것이다. 천재는 노력하는 사람을 따라가지 못하고 노력하는 사람은 즐기는 사람을 이기지 못한다는 말이 있다.

인생의 중심에 내가 있다. 시련을 피하지 말고 정면으로 승부를 걸자. 결과를 알 수 없다고 해도 지금까지 오는 동안 할 수 있는 모든 것을 했다면 포기하지 말고 끝까지 버티자.

수박 농사를 짓는 농사꾼은 돈을 벌기 위해서 농사를 짓지 않는다. 열심히 수박 농사를 지을 뿐이다. 그러면 돈은 수박이 벌어준다.

기상새설(欺霜賽雪)
– 쌀은 희게 할 수 없어도 마음은 새하얗고 싶습니다

어느 날 항의가 들어왔다. 이번에 들어온 쌀은 밥을 해놓고 보면 왠지 밥이 누렇게 보인다는 것이다. 사연인즉 식당일을 하다 보면 점심 때 지어 놓은 밥을 다 팔지 못하고 다음날까지 팔기도 한다는 것이다. 지금까지 들어온 쌀은 안 그랬는데 이번에 들어 온 쌀은 유독 다음 날이 되면 노래진다는 것이다.

밥을 그때그때 해서 새로 내놓는 것이 최상이지 어제 한 밥을 오늘 다시 내놓으면 밥이 좋을 리가 있겠나 싶지만, 이전 쌀은 안 그랬다는데 어쩌랴.

하얗게 보여야 할 밥 색깔이 누렇다고 하는 것은 묵은 쌀이 섞여 있는 것 아니냐는 뜻이었다. 그런데 쌀의 품질이 떨어지는 것과 묵은 쌀이 섞여 있다는 것은 전혀 다른 의미이다.

묵은 쌀이라는 것은 생산년도가 오래된 쌀이라는 뜻이 아닌가? 품질표시사항에 표기된 생산년도와 다르게 생산된 쌀을 섞는 것은 범죄행위다.

형사 처벌 대상이다.

밥이 누렇게 되는 것은 여러 가지 이유가 있을 수 있다고 본다. 그중에 제일 대표적인 것은 품종의 특성과 재배 지역의 기후 환경에 따른 이유가 있을 수 있다.

경험상 대체로 경상도 내륙 지역의 쌀들은 누런빛을 띤다. 밥을 했을 때 씹히는 식감도 좀 단단한 편이다. 전라도 평야 지대에서 오는 쌀들은 좀 더 희고 밥이 좀 무르고 식감이 부드러운 편이다.

다음에는 정미소의 도정율과 관련된 부분이다. 벼를 도정할 때 쌀알의 표면을 깎아내게 되는데 도정율에 따라 백미, 7분도, 5분도, 현미 등으로 이름 붙여져 팔리게 된다. 현미는 말 그대로 벼의 껍질만 벗겨놓은 상태로 쌀눈이 살아 있어서 채반에 담고 콩나물 키우듯이 물을 주면 4~5일 뒤에 싹이 트는 모습을 볼 수 있다. 이른바 '발아현미'이다.

숫자가 높을수록 깎이는 정도가 높아져서 표면은 더 하얘지고, 매끈매끈해진다. 도정기술이 좋은 정미소에서 나오는 쌀들은 쌀장사인 내가 보기에도 유리알처럼 빛나서 감탄스러울 지경이다.

도정율을 높이면 쌀이 하얘져서 식당 사장님들이 선호하는 쌀이 되는 반면 깎여져 나가는 부분이 많아지니 정미소 입장에서는 당연히 손해다. 그렇다고 무작정 도정율을 낮추면 현미처럼 밥 색깔이 노래진다. 도정율을 얼마나 잘 맞추느냐가 기술의 핵심 관건이다.

쌀장사는 생산자와 소비자의 중간 단계에 불과해서 생산 과정에 직접 참여하지 못한다. 좋은 쌀을 생산하는 정미소를 찾아내야 하는 것이 관건이고, 이는 전적으로 정미소에 대한 신뢰로 마무리된다.

쌀이란 것이 벽돌로 찍듯이 생산해내는 것이 아니라 그해 우리나라 전체의 기상 환경과 생산 지역의 기상 이변 등에 따라 극심한 영향을 받고 또 일정 부분 농부의 기술에 따라 많은 영향을 받는다. 농산물의 특성상 입고되는 전 제품을 사람의 힘으로 통제할 수는 없다. 완벽할 수 없음을 고려할 때 나는 지금 거래하고 있는 정미소를 신뢰하고 믿는다.

밥맛의 최종 결과는 전적으로 쌀 하나에 달린 것이 아니다. 밥 하는 것도 기술이다. 서로 비슷한 환경에서 비슷하게 경쟁하는 처지임을 감안한다면 최종적으로는 새로 지은 새 밥을 내놓는 것이 최상일 것이다.

사실 요즘 식당 사장님들이 선호하는 밥 색깔은 무조건 희고 고와야한다. 그래야 손님들이 갓 지은 밥이라고 생각한다는 것이다. 일리 있는 말씀이시다.

전에 맛집 기행에서 전국에서 유명한 식당들만 취재해서 올린 방송을 본 적이 있다. 밥맛 좋은 식당의 비결은 한 가지다. 간단하다. 갓 지은 밥을 내놓을 것.

그러기 위해서는 밥을 조금씩 하루에도 몇 번 씩 여러 번 해야 한다. 그러려면 전담으로 밥 하는 직원이 있어야 하고 그날그날 손님을 예측하는 수고로움이 따라야 한다. 관리비도 더 들어야 한다. 어제 한 밥은 오늘 내놓지 않겠다는 각오도 있어야 한다.

요즘은 유통이 너무 발달해 있어서 전화 한 통, 문자 한 번으로 모든 식자재가 식당 주방까지 배달되니 식당 대표들이 시장을 보러 갈 일이 없다. 식당 대표들 중에는 우산을 보고서야 비 오는 줄 알아채는 한심한 대표도 있다. 그런 사람일수록 밥이 노래진다고 하소연하는 경우가 많다.

나는 늘 이야기한다. 우리 가게에서 나오는 가격이 저렴한 쌀을 이용하셔도 좋다. 조금씩 그때그때 밥을 여러 번 하시라. 어제 한 밥을 오늘 내놓지는 말아라. 그것이 손님에 대한 최소한의 예의다.

자기가 파는 물건이 새하얗기가 이를 데 없음을 자랑하는 데는 중국 상인을 따를 수 없다.

『열하일기』를 쓴 연암 박지원은 1780년(정조4년) 음력 7월 12일, 심양을 출발해서 거류하(중국의 지명) 부근 시장에 있는 전당포에 들렀다. 전당포 주인이 박지원의 서체를 보고 감탄해서 점포 입구에 붙일 좋은 글귀를 몇 자 써 달라고 청했다.

여행 도중에 시장 점포 문 위에 '기상새설(欺霜賽雪)'이라는 네 글자가 걸려 있는 것을 자주 본 박지원은 '장사꾼들이 심지가 깨끗하여 가을 서리(霜)와 같고, 눈(雪)보다 하얗다고 말하는 것 아닐까?' 하는 생각을 하였다. 그래서 '기상새설' 네 글자를 멋지게 써 주었는데 전당포 주인은 머리를 절레절레 흔들며 "이게 우리 점포와 무슨 상관이람!" 하더란다. 나중에 알고 보니 기상새설은 국수집에서 즐겨 쓰는 간판인데 '우리 집 국수는 가늘기가 서릿발과 같고 눈보다 더 희다'는 뜻이더란다.

쌀도 국수처럼 희게 할 수는 없을까. 나에게 그런 기술은 없다. 쌀은 팔아도 양심은 팔지 않는다.

빈센트 반 고흐, 돈 좀 빌려줘!

나는 2001년 장사를 시작했다. 당장 밥 굶는 걱정하지 않을 정도로 자리 잡는 데 10년 이상의 세월이 걸렸다. 그리고 다시 10여 년의 세월이 흘렀다. 사정은 여전히 녹록지 않지만 마음의 여유는 느끼고 산다.

한때 끊임없이 돈이 필요하던 시절이 있었다. 장사 일을 하는 것보다 오늘 당장 돈을 구해야 하는 것이 더 중요하던 시절이 있었다. 장사를 시작한 지 10여 년이 지나고 나이도 마흔을 바라보던 때, 다른 친구들은 이미 기반을 닦을 나이였지만 그때까지도 나의 장사는 끝 모를 심연의 바닥을 헤매고 있었다. 희망이 보이지 않았다. 내 마음은 이미 노인 못지않게 노쇠하고 병약해져 있었다. 희한하게 매출이 오르면 딱 그만큼 비용도 같이 지출되었다.

돈, 돈, 오직 돈을 구해야 하던 시절이었다.

딱히 형제가 없었던 나는 사촌 자형이나 육촌 형제들에게 돈을 빌렸다. 그럴 때마다 자형이나 형제들은 거절하지 않고 격려와 함께 돈을 보내주었다. 나는 그 돈을 장사 밑천으로 일 년을 융통하고 이자도 드리지 못한 채 겨우 원금만 돌려드렸다. 이해하시겠지 하고 넘어갔지만 이자는 그냥 떼어먹었다는 표현이 더 정확하다. 참으로 죄송한 마음이다. 책이 나오면 지면을 통해 꼭 감사의 인사를 드리고 싶다.

여기 돈을 구하기 위해서 끊임없이 노력한 또 한 명의 고단한 인생이 있다. 네덜란드의 인상파 화가 빈센트 반 고흐. 1853년 네덜란드에서 태어난 고흐는 16세부터 22세까지 미술품 상점의 점원으로 일했다. 신학 공부를 해보기도 했으나 실패했다. 그림은 1881년부터 그리기 시작하여 1890년 37세로 스스로 생을 마감하기까지 약 10여 년 동안 모두 879점을 남겼다. 고흐의 그림은 살아 있는 동안에는 인정받지 못하다가 그가 죽은 후에야 불후의 명작이 되었다. - 참고: 『반 고흐, 영혼의 편지』 빈센트 반 고흐

고흐는 동생 테오에게 668통의 편지를 썼다. 편지 속에는 삶에 대한 번민과 그림을 그리는 고통스러운 나날들이 잘 표현되어 있다. 1985년 4월의 편지에는 감자 먹는 사람들에 대한 의미를 이야기하고 있다.

"나는 램프 불빛 아래에서 감자를 먹고 있는 사람들이 접시로 내밀고 있는 손, 자신을 닮은 바로 그 손으로 땅을 팠다는 점을 분명히 보여주려고 했다. 그 손은, 손으로 하는 노동과 정직하게 노력해서 얻은 식사를 암시하고 있다."

고흐의 그림은 인간에 대한 연민으로 가득 차 있었지만 그 자신 역시 현실적인 어려움에 부딪혔다. 화가가 그림을 그리기 위해서는 돈이 필요

했다. 후원자이면서 동생인 테오에게 보낸 편지 중의 많은 부분은 돈을 보내달라는 이야기다.

고흐는 1882년 2월, 테오에게 돈을 보내달라고 편지를 쓴다. "네가 더 이상 돈을 보내줄 필요가 없게 될 날도 그리 멀지 않았다."는 말과 함께다. 가능한 아끼며 살기 위해서 무료식당에서 밥을 먹는다고 한다.

하지만 고흐는 1885년 7월에 또다시 돈을 보내달라는 편지를 보낸다. 1888년 5월에는 생활비를 아끼기 위해서 친구 고갱과 함께 생활하는 것을 계획한다. 같은 해 10월 형에게 답장을 보낸 동생 테오는 고갱과 함께 생활하게 된 형을 걱정하면서 돈이 부족할 때는 식료품상에서 외상으로 장을 볼 것을 권하기도 한다.

하루하루 돈에 쪼들려보지 않은 사람은 돈의 힘을 모른다. 돈이 얼마나 무서운지 모른다. 영세 자영업자의 하루하루 자금은 하루살이 목숨 줄과 같다.

일 년 전쯤, 해운대에 있는 식당으로부터 전화가 왔다. 쌀과 김치를 주문했다. 제법 많은 양의 김치였다. 밤에만 영업한다고 했다. 식당 문 앞에 두면 저녁에 와서 대금을 송금하겠다고 했다. 그러시라고 했다.

몇 번의 배송이 있을 동안 대금 결제가 한 번도 이뤄지지 않았다. 언젠가부터 문자에 응답이 없었다. 저녁에 찾아갔다. 한눈에 보아도 주인 아주머니의 행색이 너무나 초라했다. 피곤한 기색이 역력했다. 자초지종을 들었다.

반여동 내 가게 근처에 산다고 했다. 나는 안면이 없었다. 지나다니는 길에 내가 일하는 모습을 보고 전화로 주문을 했다고 한다. 남편은 생활 능력이 없다고 했다. 식당 일을 마치고 새벽에 청소 일을 겸한다는 것이었다. 미수금 독촉은 더 이상 무리였다.

집에 와서 아내에게 이야기했다. 독촉은 하지 말자고 했다. 그 사람의 목숨 줄이 될 수도 있다는 생각이 들었다. 두어 달 뒤에 돈이 들어왔다.

외상대금이 들어오지 않을 때마다 돈에 쪼들리던 시절이 떠오른다. 심장이 가늘게 떨려온다.

그래도 무리한 독촉은 하지 마라.

남의 목숨줄을 조르게 되는 수가 있다.

생각에 관한 생각

요즘은 식당에서 첫 거래를 위한 주문이 들어오면 무작정 반갑기보다는 왜 구매처를 바꾸려고 하는지가 걱정이다. 실제로 기존 구매처에 구매대금을 결제하지 못해서 대금결제를 독촉받는 와중에 아예 구매처를 옮겨버리는 사례도 있다. 외상대금을 남겨둔 채 새로운 구매처에서 또 외상거래를 시작하는 것이다. 이런 어이없는 일을 종종 당하게 된다.

먼저 이런 사람들은 쌀값을 물어보지 않는다. 거래하고자 하는 쌀집에서 팔고 있는 쌀들이 어떤 지역에서 나오는 쌀인지, 가격이 얼마인지, 궁금하지 않다.

대뜸 전화로

– 일주일에 몇 포쯤 쓰는데 우선 10포쯤 갖다 주시오.

하는 식이다.

아무 생각 없이 새 고객이 생기려나 하고 쌀 배달을 간다. 식당 규모는 제법 커 보인다. 그런데 식당 직원들은 식당 사장이 쌀을 주문했는지조차 모르고 있다.

– 어, 쌀집이 바뀌었네?

할 뿐이다. 상품대금 결제는 송금을 하겠다는 건지, 카드 결제를 하겠다는 건지 설명이 없다. 이런 때 갈등이 생긴다.

지금까지 장사 일을 해오면서 돈을 못 받는 경우가 더러 있다. 대부분 정상 참작이라는 애석한 사정이 있다.

할머니 한 분과 손자로 보일 만큼 어린 막내아들이 같이 장사를 하는 식당이 있었다. 아들은 지적장애가 있었다. 오토바이를 탈 줄은 알았다. 계산도 곧잘 했지만 그 이상의 복잡한 홀 서빙은 힘들어 보였다. 홀 서빙에는 미세한 응대가 필요하다.

쌀 두어 포 가격이 밀린 채로 식당 문을 열지 않았다. 며칠 동안 문은 닫혔고 신문은 그대로 쌓이고 있었다. 장사를 그만두신 것이다. 쌀값을 달라고 할 수 없었다. 장애가 있는 다 큰 아들을 품에 안고 살아온 세월. 힘들고 고단했을 할머니의 지나간 젊음 옆에 나의 청춘이 함께 웃고 서 있었다. 행복하게 지내시기를 빌었다.

마음을 상하게 할 정도로 큰돈을 떼인 적은 없다. 그런데 딱 한 명 인상에 남는 안 좋은 기억이 있다. 쌀뿐 아니라 냉동 식자재를 같이 취급하고 있던 때다.

경남 양산시 덕계에서 전화가 왔다. 주*곰탕이라고 했다. 오십 안팎의 건조한 남자 목소리였다.

사골 육수, 냉면 등 20만 원어치를 주문했다. 내가 취급하는 냉면이 어디서 생산되는지, 제품 가격이 얼마인지 물어보지도 않았다. 다음 주에 개업이니 이번 주 토요일까지만 오면 된다는 거였다.

부산에서 양산까지는 가깝기는 하지만 자주 가는 길이 아니라서 일부러 배달 일정을 잡아야 했다. 잠시 망설였지만 쌀 이외의 상품으로 확장해가고 있던 중이라 욕심이 났다. 배송을 결정했다.

식당에 도착해보니 내부가 이상했다. 장사를 하는 것 같기는 한데 식당 한쪽 구석에 짐들이 쌓여 있고, 덥수룩한 중년의 남자가 어수선하게 움직이고 있었다. 첫인상은 별로 나쁘지 않았다.

― 안녕하세요. 행복한쌀창고입니다. 부산에서 냉면이랑 물건 싣고 왔습니다.

― 어? 누구시죠? 무슨 물건이 왔죠?

머뭇하던 어수선한 남자가 생각났다는 듯이 횡설수설 말했다.

― 아, 냉면하고 육수…! 저쪽에 놔두시면 됩니다. 저녁에 송금해드릴게요.

아직 개업 준비 중인가 보다 하고 그냥 돌아왔다. 이후 양산 쪽 방향이 별로 없어서 들려보지 못했다. 월말쯤에 다시 들렸다. 문 앞에 식당 수리 중이라는 팻말이 붙어 있었다.

전화를 했다. 인테리어 공사 중이라 한 달쯤 있다가 문을 열 거란다. 한 달을 기다렸다. 이번에는 병원에 입원 중이라고 했다. 느낌이 이상했다. 역시나 한 달 뒤에는 문 앞에 가게 '임대' 표시가 떡하니 붙어 있었다.

장사를 못 해서 자기도 피가 마르는데 그것도 좀 못 기다리느냐고 나를 조롱하기 시작했다. 윽, 혈압이…!

주*곰탕 사장은 이미 장사를 끝내기로 마음먹고 있었던 것이다. 처음부터 돈을 떼어먹을 작정이었다. 장사를 완전히 그만두기 전 2, 3주 동안 팔 식자재가 필요했고, 그러기 위해서는 적당히 거리가 떨어져 있는 내가 안성맞춤이었던 것이다.

몇 번의 통화로 조롱만 당한 끝에 다음에 형편이 좋아지거든 도움이 필요한 다른 누군가에게 꼭 갚으시라 하고 상품 대금은 단념했다.

내 돈 떼어먹은 사람에게 악담하지 말 것! 오히려 잘되라고 빌어야 한다.

- 잘 먹고 잘 살아라.
- 지금은 힘들겠지만 꼭 성공해서 다른 누군가에게 꼭 갚아라.

일을 하다 보면 내가 알지 못하는 어떤 사람에 대한 평을 자주 듣는다. 사람에 대한 평가는 대체로 비슷하다. 시중에 떠도는 소문일지라도 여러 사람들의 평들이 중복되면 그것은 대체로 사실인 수가 많다. 이것은 역지사지라서 나를 경험해보지 않은 사람도 나에 대한 평가를 사실로 믿는다는 점을 감안한다면 평소에 나의 처신이 얼마나 중요한지 알 수 있다.

2002년 심리학을 전공하고 노벨경제학상을 받은 대니얼 카너먼의 『생각에 관한 생각』에는 이런 사례가 하나 나온다.

앨렌:

똑똑하다 – 근면하다 – 충동적이다 – 비판적이다 – 고집스럽다 – 질투심이 많다

벤

질투심이 많다 – 고집스럽다 – 비판적이다 – 충동적이다 – 근면하다 – 지적이다

두 사람의 성격적 특징을 나열한 것이다. 서로 다른 성격인 듯하나 사실은 두 사람의 성격을 느끼는 순서대로 그 배열만 달리 했을 뿐이다.

그런데 특징을 인지하는 순서에 따라 사람에 대한 호감이 달라진다.

여러분들은 A와 B의 성격이 어떠할 것 같은가?

대부분의 사람들은 벤보다는 앨렌에게 훨씬 더 호감을 느낀다고 한다. 앨렌의 경우 똑똑한 사람들의 고집스러움은 정당화될 가능성이 있고 실제로 존경심을 불러일으킬 수도 있지만, 벤처럼 질투심 많고 고집 센 사람이 똑똑하기까지 하다면 더 위험한 사람으로 느껴지게 된다는 것이다.

처음에 인지한 특징들이 나중에 인지한 특징에 영향을 미치게 되어서 특징들의 의미를 바꿔놓는 것이다. 첫 느낌이 사람을 지배하는 것이다.

이것을 '후광효과'라고 한다.

그런데 문제는 한 사람의 특징들이 다른 사람에게 인지되는 순서는 아주 우연히 결정된다는 점이다. 그래서 우리의 일상생활에서도 같은 친구를 두고도 관찰자들에 따라 서로 판이한 느낌을 가지게 된다는 것이다.

장사 일을 하다보면 순전히 첫인상만으로 사람을 판단할 수밖에 없는 경우가 있다. 첫인상이란 것은 순전히 자기감정의 속임수에 불과한 것이라서 주*곰탕 사장의 경우처럼 내 느낌과 전혀 다르게 겉은 수더분하고 곰처럼 우직하게 생겼는데 속은 처음부터 외상대금을 떼어먹을 생각을 하는 사람일 수 있다. 이런 엉큼한… 윽…! 다시 혈압이 오르는군…!

나는 사람 보는 눈이 없는 편이다. 그래서 나는 내가 직접 경험해보지 않은 다른 사람에 대한 소문을 믿지 않으려고 애쓴다. 첫인상의 선입견 때문이다. 나는 나의 사람 보는 눈을 믿지 않는다.

태산은 작은 흙덩이도 사양하지 않는다
— 태산불사토양 하해불택세류泰山不辭土壤 河海不擇細流
(태산은 작은 흙덩이도 사양치 않고, 바다는 작은 물줄기도 가리지 않는다)

쌀을 주문하는 식당의 규모는 매우 다양하다. 주차장이 딸리고 주차 관리를 하는 직원까지 별도로 있는 대형 식당이 있는 반면에 1인 사장 식당도 있다. 많은 돈을 들여서 실내를 아주 호화스럽게 꾸민 식당도 있고, 건물 뼈대는 옛날 블록 집 그대로를 살려두고서 조명으로만 분위기를 낸 맥주집도 있다.

규모가 큰 식당은 쌀 주문이 대량으로 이뤄져서 한 번에 많은 매출이 생겨난다. 수익 면에서 기여하는 바가 크다. 그러나 많은 쌀집들에서 낮은 가격에 경쟁적으로 견적을 제출해 오는 곳이라 거래를 유지하기가 힘들다.

반면에 규모가 작아서 한두 포씩 주문하는 식당은 일은 번거롭지만 좀 인간적인 면이 있다.

- 한 포 주문해서 미안하네.

하는 생각을 하시는 듯하다. 그러나 나의 경우에는 주문대로 배달 일정을 짜다 보면 부산 시내를 거의 한 바퀴 두르게 된다. 거래처들이 여기저기 흩어져 있는 탓이다. 그래서 "쌀 한 포는 멀어서 못갑니다." 하지는 않는다. 이왕 가는 길이라 한 포라도 더 싣고 가면 그만큼 수익이 나는 것이니 나로서는 감사한 마음이다.

여러 가지 식자재와 함께 쌀을 취급하는 대부분의 납품업자들은 산지 정미소와 직접 거래하지 못한다. 쌀 전문 도매상에서 쌀을 구입해야 한다. 또 정미소와 직접 거래하는 쌀 도매업자들은 식당으로 직접 배송하지 않고 쌀 소매상에게 넘긴다. 어떤 경우든 중간 단계를 거치게 되는 것이다.

반면 우리 가게 쌀은 중간 상인을 거치지 않고 산지 정미소에서 직접 입고되어, 식당 거래처로 바로 연결된다. 산지 정미소와 식당 사장님을 직접 연결하는 것이다.

나는 슈퍼나 중간 상인에게는 쌀을 판매하지 않는다. 식당 사장님들이 조금이라도 저렴한 가격에 쌀을 공급받을 수 있도록 하기 위해서다. 이렇게 하면 규모가 좀 작은 식당에서도 도매가로 쌀을 공급받는 장점이 있다.

정보와 자본의 빈곤에 기인한 경제적 약자들이 항상 패자가 되는 자유시장 경제에 반기를 들겠다는 나름 거창한 생각이다. 서로 평등한 유통 구조를 완성하는 것이 서로의 이익에 충실한 경제활동이라는 확신을 가지고 있다.

중국을 통일하기 전 진시황의 이름은 정(政)이다.

이사(李斯)는 초나라 사람으로 제왕의 통치술을 펼치기 위해 진나라로 갔다. 이사는 진나라의 승상 여불위의 가신으로 있다가 정의 신임을 얻게 되어 객경(客卿)의 벼슬에 오른다. 객경이란 다른 나라의 훌륭한 인재를 발굴해 오는 일을 하는 관리다.

진나라는 한나라에서 온 정국(鄭國)이라는 사람의 주장으로 대규모 치수사업을 벌였는데, 이것이 큰 토목사업을 벌여 진나라의 인력과 자원을 소비하려는 한나라의 계략이라는 것이 밝혀진다. 진왕 정은 다른 나라에서 온 관리들을 모두 추방하라는 명령을 내린다.

그때 자신 역시 초나라 사람으로 진나라의 벼슬을 하고 있던 이사는 장문의 상소를 올린다. 인재를 널리 구해서 등용해야 부국강병을 이룰 수 있다는 내용이다. 기원전 237년 진나라가 중국을 통일하기 직전의 일이다. 지금에도 널리 인용되는 명문장이다.

"태산은 작은 흙덩이라도 마다하지 않음으로써 그 큼을 이룰 수 있고, 큰 강과 바다는 작은 물줄기라도 가리지 않음으로써 그 깊음을 이룰 수 있는 법입니다(泰山不辭土壤 故能成其大/河海不擇細流 故能就其深). 진왕 정은 이사의 상소를 받아들였다. 이사를 지금의 법무장관에 등용하고 인재를 널리 구했다. 16년 뒤 기원전221년, 정은 중국을 통일하고 스스로 시황제가 되었다." - 『담론, 신영복의 마지막 강의』, 신영복

장사꾼은 이문을 위해서라면 바다 밑으로라도 5리를 간다는 말이 있다. 나 역시 장사꾼이다. 식당 대표는 나의 거래처이다. 대형 식당 대표님이 우리 가게를 이용한다면 더없이 좋은 일이다. 그러나 나는 식당의 규모를 가리지 않는다. 배송할 수 있는 최소 금액 또한 정하지 않는다. 배송 코스에서 크게 벗어나거나 트럭이 진입할 수 없는 곳이 아니라면 웬만한 곳은 배달한다.

하나라도 더 배달하기 위해서 고민해야 하는 것이 장사꾼의 업이다. 작은 흙덩이를 마다하지 않고 작은 물줄기도 가리지 않는 장사꾼이 되어야 한다.

벼랑 위의 사람들

최후의 순간 벼랑 끝에 몰린 자영업자들이 부지기수다. 시내를 돌아보면 비워진 지 오래인 점포가 상당수다.

〈국제신문〉 기사의 한국부동산원이 조사한 상업용 부동산 임대 동향에 따르면 부산의 대표적인 상가골목의 중대형 상가 공실율은 서면이 9%, 부산대학 앞 15.84%, 해운대 13.47%, 경성대와 부경대 앞 상가가 7.78% 이다. 특히 부산 국제영화제가 열리고 새로 떠오르는 상가 지역인 남포동은 26.95%나 된다.

부산 전체로 보면 15.02%인데, 상가 예닐곱 곳 중 한 곳이 빈 셈이다.

내가 평소 알고 지내던 사람들 중에서도 벼랑 끝에 내몰린 사람들이 많다. 유통업의 특성상 사무실도 없이 중고 트럭 한 대와 휴대폰 하나로 장사하는 사람들이 상당수다.

특히 식당을 상대로 장사하는 이 분야는 진입 장벽이 그리 높지 않다. 약간의 눈썰미와 넉살만 있으면 누구라도 해볼 만한 일이라고 생각하기 쉽다. 식당에서 필요한 물건을 주문받고 각종 식당 재료를 취급하는 도매상에서 물건을 사서 배달해주면 그만이다. 식품 재료상 직원으로 1~2년 정도 근무한 사람, 또는 사업 실패를 거듭한 끝에 막바지에 이르러 이거라도 해보자 하는 심정인 사람들이 쉽게 발을 들인다.

그러나 아무리 쉬워 보여도 장사 일로 수십 년을 보낸 사람들이 즐비한 계통이다. 누군가 내 밥그릇 빼앗겠다고 덤비면 쉽게 밥그릇 내줄 사람이 있겠는가? 대부분 터무니없는 가격 경쟁으로 너 죽고 나 살자는 식이다. 시장의 가격 질서까지 교란시켜놓고 퇴출된다. 시간만 허비한다.

그리고 보니 남 이야기까지 할 것이 없다. 나의 장사 준비도 엉성하기 짝이 없었다.

청운의 뜻을 품고 간판을 달고 개업을 준비했다. 가게 이름은 '행복한 쌀창고'! 쌀이랑 잡곡을 종류별로 담아 진열할 큰 함지도 준비했다. 잡곡 이름이 적힌 상품 표지판도 예쁘게 디자인했다. 백미, 찹쌀, 일반현미, 찹쌀현미, 쌀보리, 늘보리, 율무, 검정콩, 메주콩, 팥…. 이제 장사 시작이다. 드디어 모든 준비가 끝나고 손님을 받는 것이다.

개업 전날, 쌀이랑 잡곡이 들어왔다. 작은 점포는 천정까지 쌀 포대로 꽉 찼다. 가슴이 두근거렸다. 신용협동조합의 직원이던 내가 쌀장사가 된 것이다. 하 주임에서 하 사장으로….

함지들을 벌여놓았다. 가지가지 잡곡들을 종류별로 함지에 쏟아 부었다. 함지에 든 잡곡들이 울긋불긋 보기도 예뻤다. 여러 함지들을 보기 좋게 일렬로 줄맞춰 정리해놓았다. 이제 함지 앞에다 잡곡 이름이 적힌 상품표지판을 세워야지. 어? 그런데? 아뿔싸!

잡곡 이름이 적힌 품질표시판을 꽂아야 하는데 도대체가 어느 것이 일반현미이고 어느 것이 찹쌀현미인지를 구분하지 못하겠는 것이 아닌가?

이런…! 아무리 준비 없이 막가파식 개업을 해도 분수가 있지 쌀장사를 하겠다는 사람이 일반현미와 찹쌀현미를 구분 못 하고, 쌀보리와 늘보리도 알아보지 못하다니!

내가 개업 이후 어마어마한 고난의 길에 들어서게 된 것은 이미 예정된 것이나 마찬가지였다. 2001년 1월 1일 이후 나의 인생은 내리막길로 치닫기 시작했다. 이후 10년간 인생의 밑바닥을 헤매야 했다.

나에게 쌀을 공급해주신 분은 내가 직장생활을 하던 시절에 눈여겨보았던 분이었다. 조합 옆에 쌀집을 개업했는데 개업 초기부터 사업이 불붙듯이 확장되어가는 것이 느껴질 정도였다.

나는 시골에서 태어나고 자랐지만 어머니가 해주는 밥이나 먹을 줄 아는 사람이었다. 쌀이 어떻게 유통되는지, 장사가 무엇인지에 대해서는 도무지 몰랐다. 저분의 사업이 저렇게 확장되어가니 나도 저분과 함께 열심히 하면 될 것이라는 단순하기 짝이 없는 생각이었다.

적어도 내가 팔고자 하는 쌀을 생산하는 정미소는 어떤 곳인지, 도정

기술은 얼마나 되는지, 도정 설비는 최신 시설을 갖추고 있는지, 여름철 시중 쌀가격이 오를 때 벼 원료를 비축해 놓는 능력은 얼마나 되는지 등 장사를 시작하기 전에 살펴야 할 것들이 너무나 많았다.

그러나 나의 준비는 전무했다. 그저 열심히 하면 되겠지 하는 마음이었다. 다들 죽기 살기로 덤비는 세상이 아닌가. 그런 세상에 열심히 사는 사람이 어디 나쁘겠는가. 성급한 개업의 대가는 처참했다.

장사 시작 후 10여 년 이상 자리를 잡지 못하고 저축은커녕 매달 적자에 허덕였다. 아들이 평생 먹고살 돈을 벌겠다는 거창한 목표는 고사하고 당장 내일 먹을 땟거리를 걱정해야 할 판이었다.

이런저런 이유로 알고 지내는 자영업자 사장님들에게 어쩌다가 장사 일을 하게 되었냐고 물어보는 경우가 있다. 사장님들은 모처럼 좋은 질문을 하는 학생을 만난 선생님처럼 열심히 이야기한다. 침 튀기는 인생 이야기가 한 시간으로 부족하다.

한결같이 내가 처음에는 '이런 사람이었다!'로 시작한다. 내가 트럭이나 끌고 다니면서 장사 일 할 사람이 아니라는 것이다.

그러나 인생살이에 팔자에 없는 일은 없다. 왕후장상의 씨가 따로 없듯 노숙자라고 누구는 팔자가 정해져 있겠는가. 순간순간의 삶이 쌓이고 쌓이면 팔자가 되고 운명이 되는 것이다. 준비 안 된 인생의 수고로움은 혹독하다. 나 자신을 바꾸어야 내 팔자도 바뀐다.

마태복음에 많은 비즈니스 강의에서 소개되는 이야기가 있다.

한 부자가 종들에게 각자의 재능에 맞게 재산을 나누어주고 오랜 기간 여행을 떠났다.

한 종에게는 다섯 달란트를, 다른 한 종에게는 두 달란트를, 마지막 종에게는 한 달란트를 나누어주었다. 한 달란트는 약 6,000데나리온이다. 1데나리온은 노동자의 하루치 품삯이다. 한 달란트는 노동자의 16년치 품삯에 해당하는 큰돈이다.

몇 년 뒤. 주인이 돌아와 결산을 하였다. 다섯 달란트를 받은 종은 그 돈으로 장사를 하여 원금에 더해 다섯 달란트의 이문을 남겼다. 두 달란트를 받은 종 역시 원금을 더해 두 달란트를 남겼다.

주인은 두 종들을 칭찬하고 한 달란트를 받은 종에게 물었다.

– 너는 한 달란트로 무엇을 하였느냐?

달란트를 받은 종은 이렇게 말했다.

– 주인님, 저는 그 돈을 잃을까 두려워 땅속에 깊이 감추었습니다. 여기 한 달란트가 그대로 있습니다. 이것은 주인님 것입니다.

주인은 크게 꾸짖었다.

– 너는 참으로 게으른 종이구나. 너는 차라리 돈이 필요한 사람에게 한 달란트를 빌려주어서 원금과 이자를 남겼어야 하지 않느냐?

주인은 게으른 종에게서 한 달란트를 빼앗고 내쫓았다.

이 이야기는 신앙인의 자세를 설명하는 종교적인 이야기지만 많은 비즈니스 강연에서 소개되는 이야기다. 달란트는 비즈니스에서는 자본에 해당할 것이다. 우리는 처해진 상황에 따라 다섯 달란트의 자본을 가지기도 하고 혹은 한 달란트만의 자본을 가지기도 한다.

각자의 재능에 따라 우리에게 주어진 삶을 어떻게 살아갈 것인가에 대해 고민하고 준비해야 한다. 다섯 달란트든 한 달란트든 우리는 그것을 은혜로 삼아 일어서면 된다.

이익을 남긴 종들은 불확실한 미래를 두려워하지 않고 노력해서 이익을 남겼다. 주어진 것을 가지고 최선의 노력을 다했던 것이다.

자영업자의 삶은 무언가를 만들어내야 한다. 실패를 두려워하여 아무 것도 하지 않거나 막연히 최선을 다했다고 하면 안 된다. 이것은 마치 한 달란트를 땅에 묻어놓고 아무것도 하지 않고 있는 어리석은 종과 같다.

올림픽 경기에서 마지막 순간까지 이를 악물고 최선을 다하는 선수들의 모습은 참으로 아름답다. 그러나 경기에서 패하는 선수의 아픔은 엄연히 존재한다. 자영업도 그렇다. 결과 없는 최선에는 아픔이 따른다. 결과 없는 최선은 가족을 굶게 만들 뿐이다.

20세기 심리학의 아버지 윌리엄 제임스의 말을 기억하자. "우리 세대의 가장 위대한 발견은 인간이 마음가짐에서 태도를 바꿔 자신의 삶을 바꿀 수 있다는 것이다."

작게 시작해서 크게 성공하라

장사꾼의 거래처는 영원함이 없다. 또 거래가 끊어지더라도 서운해할 필요가 없다. 나 역시 정미소에서 도착하는 가격과 내가 느끼는 시중 가격이 차이가 나면 정미소에 클레임을 제기하는 경우가 있듯이 식당 사장님들도 당연한 심정일 것이다.

거래 이야기가 나왔으니 하는 말인데 내 입장에서는 거래처를 지역별로 편중시키지 않는 것이 좋다. 해운대에서 식당에 비품 일체를 납품하시는 사장님 한 분은 가급적 해운대 밖을 벗어나지 않으려고 하신다. 오래된 습관이다.

나와는 정반대다. 나는 주문이 들어온 식당을 지역별로 분류하고 배송 일정을 짜다 보면 부산 시내를 거의 한 바퀴 돌게 된다.

우선 새벽 배송 코스인 해운대 신도시 안쪽을 휘돈다. 수영강을 건너 광안리, 남천동, 문현동, 자갈치, 광복동 찍고 다시 서면 쪽으로 돈다. 연산동, 동래, 온천동, 부산대 앞, 범어사 앞을 돌아 나온다. 저절로 매일 반복되는 하루 일정이다.

거래처가 한쪽 지역에 편중되어 있으면 지역별 경기에 따라 기복이 심하다. 또 그 지역 대형 마트들에서 집중 세일을 하는 수도 있다. 그러면 또 세일 기간 중에는 시쳇말로 죽을 쑨다. 배송지역을 광범위하게 잡고 영업 활동을 왕성하게 하면 니 같은 소규모 자영업자들도 대형 마트에서 펼치는 집중 세일이 두렵지 않다.

어떤 때는 첫 거래를 트기 위해서라면 이문을 남기지 않고서라도 납품을 주저하지 말아야 할 때도 있다. 공격적인 영업 활동을 하다 보면 전체 거래처의 10% 정도가 거의 이문이 없는 신규 거래처로 채워지는 때도 있다. 아주 왕성한 영업 활동의 결과다.

자영업자의 특성상 그 시작은 작을 수밖에 없다. 대부분 가족끼리 십시일반 투자금을 모아서 창업을 한다. 운영 역시 대부분 가족 단위로 진행된다.

독특한 현상인데 내 주위에는 처남을 직원으로 데리고 있는 경우는 있어도 남자 형제를 직원으로 두고 있는 경우는 매우 드물다. 요즘은 여성 중심 시대 아닌가. 시절의 특성이 자영업자의 직원 구성에도 영향을 미친 것 아닌가 싶다.

많은 사람들이 사장이 되고 싶어 한다. 개인 사업의 자유로운 의사결정과 조직에 구속되지 않는 자유를 위해 창업을 선택하기도 한다. 자신이 가진 자본금이나 사업에 대한 사전조사가 철저히 되었다면 개인 자영업자가 되어 뜻을 펼치는 것을 두고 누가 나무랄 것인가.

그러나 과도한 투자로 잘 알지 못하는 식당에다 공동 투자하여 낭패를 보는 경우가 허다하다. 고만고만한 수준의 서민들이 형님, 아우, 처가 식구들을 창업에 참여시켜 형제들이 평생 모은 퇴직금 1~2억 원을 모두 날린다면 집안 몰락이 따로 없다. 제발 그러지 마시라.

부산 시내를 다니다 보면 2층, 3층 건물을 통째로 임대해서 대규모 식당을 여는 경우가 있다. 새로 지어진 건물에 사람들이 문전성시를 이루지만 서서히 침몰해가는 배처럼 거의 비어 있는 건물이 허다하다. 대책 없이 형제들의 돈까지 쏟아 부어 집안 전체가 위기에 몰린 경우다.

내 주위를 살펴보면 개업한 지 20~30년 가까운 세월을 보내고 계시는 사장님들이 많다. 한 업종에서 어린나이에 장사에 접어들어 오랜 세월을 보내면서 가정을 이루고 자수성가한 분들이라 마음에서 우러나는 숙연함이 있지만 사업의 정도는 고만고만한 편이다. 대부분 창업 때와 거의 같은 업종에서 큰 변화 없이 비슷한 제품으로 겨우 유지하고 있는 정도다. 나 역시 비슷한 현실에서 벗어날 수가 없다.

자영업자의 최고 단점은 지금 내가 잘하고 있는지 아닌지 자문을 받아볼 방법이 별로 많지 않다는 것이다. 자영업자는 반드시 자기 자신의 경쟁자와 비교를 통해서 현재의 위치를 파악하고 문제점을 개선하려고 노력해야 한다.

요즘 식당에서는 전통적인 농수산, 육류 등 식재료뿐 아니라 1인 손님을 위한 적은 분량의 포장제품과 간단한 조리만으로 상차림을 할 수 있는 반조리 제품 등을 매우 다양하게 사용하고 있다. 유통업에서도 남들이 취급하지 않는 제품, 식당에서 사용하기에 편리한 제품, 높은 수익률을 가진 상품 발굴이 적극적으로 필요한 시점이다.

나보다 10~20년 나이가 드신 형님뻘 사장님들은 젊었을 때는 겁 없이 덤벼들었는데 이제는 무서워 뭐든 손을 대기 힘들다고 하신다. 이제 아이들 학교 졸업하고 나면 지금 하고 있는 일도 마무리해야 하는 것 아니냐는 사장님들도 계신다.

이해할 만도 하다. 그러나 개인사업은 도전을 두려워하고 실패를 무서워해서는 안 된다. 제 살 뜯어먹는 수족관의 고기들처럼 치열한 경쟁 상황에 노출되어 있다. 경쟁 마인드가 없는 자영업자는 살아남을 수가 없다. 경쟁력 있는 제품을 누가 대신 찾아주지도 않는다. 스스로 위험을 안고 도전해볼 도리밖에 없다.

자영업자의 숙명이다. 리스크가 없는 곳에는 이익도 없는 것을 어쩌랴? 다시 열정을 불태우자. 열정은 자가발전한다.

유튜브는 그만! 배우자, 끊임없이 변화하자!

왕년을 생각하는 사람이 있다. 그때가 좋았다는 것이다. 과거는 이미 흘러간 것인데도 왕년의 꿈에서 벗어나지 못하는 것이다. 과거를 없었던 일로 생각하면 안 되겠지만 과거에 사로잡혀서는 안 된다. 과거는 반성과 성장의 기회로 삼아야 하는 대상이지 추억의 대상이 아니다. 경영자는 끊임없이 배우고 변화하려고 노력해야 한다.

사람이 노년에 들면 변하기 참 어렵다. 신영복 선생은 어떤 한 사람의 지금 생각은 그 사람이 평생 살아오면서 느낀 삶의 결론이라고 말했다. 마음으로 동의한다.

그는 『오늘은 다르게』에서 자본주의의 행태에 찌들수록 그 반작용으로 머리만 진보로 굳어져 함부로 남을 단정 짓고 쉽게 부정하고 거칠게 냉소하며 정치, 사회적으로는 진보를 말하지만 생활 문화와 감성과 사람 자체는 완고한 보수성에 쩔어가는 것 같다고 말한다.

신념은 다른 곳에 있는 것이 아니다. 생활이 곧 신념이다. 젊었던 시절, 소외된 이들의 나은 삶을 주장했던 진보가 지금은 또 다른 권력이 되어 있는 것이 우리 사회의 현실이다. 새로운 권력이 된 그들은 이미 발밑에 들어와버린 다른 이들의 소외를 공감하지 못한다.

나 역시 나이 들수록 고집이 세어져감을 느낀다. 요즘 나이 드신 사장님들의 공통적인 소일거리가 유튜브 시청이다. 내가 사는 곳이 부산이라 그런지 보수 유튜버들이 운영하는 시사정치 방송이 인기다. 식당 경영하고 보수 정치하고 무슨 관계가 있다고 저렇게 열심인가 싶을 때도 있다.

전에 신용협동조합에 근무하던 시절 이야기다. 조합회관을 신축하였는데 개관 기념으로 TV에서 잘 알려진 강사를 초청하여 2시간 정도 강연을 가지고자 강사 측과 접촉한 적이 있다.

당시에는 TV에서 왕성하게 활동하던 황수관 박사, 정덕희 교수, 손심심, 이준호 부부 등이 있었다. 요즘으로 치면 김미경 대표나 김창옥 강사쯤 되겠다. 우리 조합에서는 손심심, 이준호 부부를 초청하기로 결정했는데 그 이유는 순전히 강연료 때문이었다.

당시 '신바람 박사'로 알려진 황수관 박사의 두 시간 강연료가 약 400만 원에 가깝다는 것을 알고 깜짝 놀랐었다. 그다음이 정덕희 교수였고, 제일 저렴하게(?) 모실 수 있었던 분이 손심심, 이준호 부부였다.

이야기가 옆길로 샜지만 유튜브가 참 보물이다. 예전에는 일반인들이 잘 접촉할 수 없었던 강사들의 명강연들이 너무나 많다. 고인이 되었지만 황수관 박사의 강연도 유튜브를 통해서 언제든지 들을 수 있다. 한 시간에 몇 백만 원씩 하는 좋은 강연들이다. 역사 · 인물 · 사회 · 정치 · 과학 없는 것이 없다. 요새는 참으로 좋은 시절이다.

그런데 대부분 보시는 프로그램들을 보면 극우 인사들의 정치 영상이나 흘러간 옛 노래 등이다. 쉬는 시간에 식당 테이블에 핸드폰을 올려놓고 멍 때리고 있다.

기업의 평균 수명은 30년이라고 한다. 하물며 개인 업체야 그 흥망이 하루살이에 가깝다. 그럼에도 미래를 위해 시간을 쪼개는 자영업자는 보기 힘들다. 공부하지 않는다.

코스트코(Costco)라는 세계적인 창고형 할인업체가 수영강변에 있다. 소형 가전제품부터 자동차 용품, 냉동·냉장식품까지 없는 게 없다.

유통업을 하는 어떤 사장님은 쉬는 날이면 항상 코스트코를 방문한다고 한다. 왜 그러시냐고 물었다. 코스트코가 사장님한테는 박물관이라는 것이다. 코스트코와 박물관이라? 사장님의 말씀이 가보면 공부가 된다는 것이다. 새로 진열된 제품들을 보고 있으면 최근 시류를 알 수 있다는 것이다. 특히 새로 나온 1인용 밀키트형 제품들이 많이 늘고 있는데 코스트코에 오면 박물관에 온 것처럼 다양한 제품들을 직접 살펴볼 수 있다는 것이다. 두세 달 뒤에 보면 1인용 밀키트형 제품들은 식당에서 이용할 수 있도록 대형화되어서 출고된다. 누군가 벤치마킹한 것이다.

이제 우리도 배워야 사는 시대가 되었다. 제발 유튜브 보면서 '멍' 때리고 있지는 마시라. 정 답답하시면 신문 광고라도 한 줄 읽자.

MAKE
YOUR
DESTINY

인생, 놓치지 말아야 할 것들

마음이 뿌듯해, 마음의 평화

또 비야? 올여름 스마트폰에 뜨는 날씨는 비, 비, 비 아이콘의 연속이었다. 내가 사는 부산은 좀 덜한 편이었지만 서울 쪽에서는 어마어마한 비가 내렸다. 시간당 100ml가 넘는 폭우였다고 한다. 말 그대로 물 폭탄이다. 그런데 뜬금없이 폭우 기사에 웬 영화 이야기? 뉴스에 영화 〈기생충〉에서 반지하에 살던 송강호 가족들 이야기가 나온다.

2022년 8월 대한민국 수도 서울에 어이없는 일이 일어났다. 일시에 내린 폭우로 반지하 주택에 살던 일가족 3명이 고립돼 참변을 당한 것이다.

우리 사회는 소외된 이웃들의 안타까운 소식들이 끊이지 않는다. 2014년 서울 송파구에서는 만성질환과 생활고에 시달리던 세 모녀가 스스로 목숨을 끊은 일이 있었다. 내지 못한 공과금과 집세로 남긴 현금 70만원과 죄송하다는 메모가 발견되었다.

이런 안타까운 일들이 왜 계속 끊이지 않고 일어나는지 화가 날 지경이다. 정녕 우리 힘으로 어찌해볼 도리가 없는 일인가. 참 안타깝다.

요즘은 기부가 생활화되어 있다. 식당 사장님들도 그렇고 유통업을 하는 친구들도 그렇고 크든 작든 능력대로 조금씩 기부를 하는 눈치다. 대부분 큰돈은 아니다. 매달 2~3만 원 정도의 돈을 후원단체로 보내는 정도다.

나 역시 해외 어린이 돕기에 조금씩 보내고 있었다. 일대일 결연이라고 해서 편지도 한 번 써보았지만 내가 보내는 돈이 어떻게 쓰이는지 영실감이 나지 않았다. 며칠 동안 고민을 했다.

그러면 아예 장사를 하는 우리가 직접 후원 계모임을 만들어보자. 일년에 천만 원 정도를 모으자. 소아당뇨나 백혈병처럼 큰 병을 앓는 어린이들에게 수술비 정도의 실질적인 도움이 되는 금액을 후원할 수 있도록 해보자. 나이 어린 영유아 우선, 공적 영역에서 지원받지 못하는 어린이 먼저….

마음 안에서는 벌써 뭔가 해낸 듯한 기분이 들었다. 내 생각을 녹*푸드 대표 이*준 형에게 말했다. 형은 즉시 동참했다. 거제리 법원 근처에서 식당을 하는 초등학교 친구 남*도 군이 호응해 왔다. 이렇게 해서 '마음의 평화'가 탄생했다. 연*통상 최*원 대표와 하*푸드 김*영 대표 등이 동참하고 쌀가게 주변의 많은 분들이 동참했다. 초등학교 친구들과 예전 직장 선배들까지 참여했다.

2013년 2월 22일부터 시작된 '마음의 평화'는 천만 원을 세 번 모았다.

2016년, 로사리오 카리타스 신부님들 소개로 경남 장유의 이*라 어린이, 부산 개금동 박*준 어린이.

2018년, 부산 메리놀 병원 복지재단, 김*하 어린이, 이*지 어린이,

2021년, 부산 반송동 아이들의 집, 김*랑 어린이에게 천만 원 규모의 돈을 전달하였다.

감격스러웠다. 힘없는 자영업자들이 모여서 나보다 더 힘없는 누군가에게 보탬이 되는 일을 하다니. 자랑스러웠다.

자영업을 하는 사람들은 자신의 문제조차 감당할 길이 없어 늘 아픔에 허덕인다. 나는 장애를 가진 아이의 아빠로 살았다. 천형(天刑)이라 부른다. 그러나 나의 개인적 아픔에만 머물지 않고 사회의 아픔에도 눈뜰 수 있기를 바랐다. '마음의 평화'는 그것의 실현이었다. 너무 뿌듯한 마음이었다.

나의 기부에는 두서가 없다. 이곳저곳에 1~2만원씩 보낸다. 뉴스타파에도 후원한다. 바른 정치를 위해 바른 언론이 필요하다는 생각이었다.

뉴스타파에 대해서는 특별하고 소중한 기억이 있다. 내가 뉴스타파 2016년 6월달 달력 모델이 된 것이다. 한국탐사저널리즘센터 뉴스타파는 2012년 1월에 출발하였는데 시민을 위한 비영리, 비당파, 독립 언론기관이다. 뉴스타파는 광고와 협찬을 받지 않고, 일체의 운영이 후원회원들의 회비로 진행된다.

〈뉴스타파〉에서는 탁상용 달력을 만드는데, 매년 12명의 후원회원을 선정해서 인터뷰하고, 사진과 함께 배포했다. 그 탁상용 달력에 내가 모델로 선정된 것이다. 쌀집을 운영하면서 독특한 인생을 체험하고 있는

특별한 이력이 흥미로웠나 보다.

〈뉴스타파〉에서 쌀가게로 세 분이 왔다. 신*윤 피디, 정*원 피디, 이*훈 작가와 함께 즐거운 시간을 가졌다. SBS 시사교양본부 그것이 알고싶다〉를 기획하는 정*원 PD도 당시에는 〈뉴스타파〉에 몸담고 있었다.

많은 자영업자들을 만나 이야기를 나눠본다. 새로운 일에 대한 도전정신으로 스스로 결단해서 자영업자가 된 사람도 있지만, 퇴직 후 생활고에 몰려서 어쩌다 보니 자영업자가 된 사람도 있다. 처음부터 '영세' 자영업자가 되고 싶었던 사람은 단 한 명도 없다.

영세 자영업자들의 삶은 고단하고 애처롭다. 그러나 많은 자영업자들이 자신이 아닌 타인을 위해 조금씩 내놓는 선행을 하고 있다. 궁지에 몰려서도 저마다의 아픔을 자신의 아픔에만 가두지 않고 사회의 그늘진 곳을 찾아 매달 기부를 하는 것은 무척 숭고한 일이다.

나를 덜어서 남에게 주는 것은 내 영혼의 모자란 부분을 채우는 지름길이다.

강유剛柔

　고향마을 근처에 수발사(修鉢寺)라는 절이 있다. 대웅전 건물 아래 4개의 큰 기둥이 있다. 각 기둥에 큰 현액이 걸려 있다. 글씨는 선친의 필력이다. 선친께서는 마을 이장을 하고, 동네 아이가 커서 장가갈 때면 사주단자(四柱單子)를 써 주면서 농사짓고 살았다. 동네사람들은 아버지를 자주 찾았다.

　고등학교 시절에 아버지를 보면서 한심하게 생각한 적이 있다. 사람이 태어나서 한평생이 찰나인데 이렇게 초야에 묻혀서 이름 없는 풀처럼 살다 가야 하는가 하는 생각이었다.

　중학생쯤 되었을 때 선친께서 아호를 주셨다. 강유(剛柔)다. 선친께서는 붓글로 직접 글을 쓰시고는 뜻을 설명했다. 내강외유(內剛外柔)에서 따왔다. 내 나이 열대여섯, 건성으로 들었다. 고리타분했다.

　- 아부지, 아호는 무슨 아홉니꺼….

　아호, 강유는 내 이름으로 직접 불리지는 않았다. 한동안 내가 그런 아호를 가졌었는지조차 생각나지 않을 만큼 기억의 저편 너머에 있었다. 그런데 마음속 아호 강유는 의외로 생명이 길었다. 자영업자로 살면서 속상한 일들이 생길 때마다 강유를 기억한다. 나는 선친이 살아온 대로 겉은 부드럽고 내면은 강한 사람으로 살고 있는가.

장사를 시작하고 5년 뒤, 인생의 밑바닥을 헤매고 있을 때 선친이 작고하셨다. 아버지에게 미안했다. 한심하기로 치면 아버지보다 내가 더한 처지가 아닌가.

내가 쌀가게를 갓 열었을 때 안락동 충렬시장에서 쌀, 콩, 메주 등을 팔던 할아버지가 계셨다. 일흔이 조금 넘어 보이셨다. 평생을 재래시장에서 장사 일로 보내신 분이었다.

한심한 노릇이었다. 갓 장사를 시작한 새파란 청춘의 눈에는 그렇게 보였을 것이다. 평생을 장사 일로 보내고서도 코딱지만 한 가게에서 저 모양인가. 평생을 저렇게 꼬물거리면서 있는 듯 없는 듯 살아야 하는가 말이다.

할아버지는 아침 일찍 가게로 나와서 꼼지락꼼지락 부지런히 움직였다. 체구가 150cm에도 못 미쳐서 88이라고 불리는 작은 오토바이에도 발이 땅에 닿지 않았다. 작업복으로 입고 있는 바지는 예전에 입던 양복 바지인 것 같기도 했다.

할아버지는 누가 말을 걸면 웃음기부터 먼저 머금는다. 신기하다. 마치 하얀 습자지에서 밑그림이 떠오르듯이 무표정한 얼굴에서 주름 자국이 먼저 피어오른다.

점심 무렵이면 부인께서 나오신다. 같이 점심을 먹고, 오후 시간 내내 장사를 한다. 퇴근 때는 발이 땅에 닿지 않는 오토바이 뒷자리에 할머니를 태운다. 집이 재송동인데 큰 도로가를 달려야 한다.

우연히 할아버지 오토바이 뒤를 따라가게 된 적 있다. 작업복 대용으로 입는 양복바지 밑단은 양말 속으로 밀어 넣었다. 발목이 불룩하다.

신기하게도 오토바이는 넘어지지 않고 잘 달린다. 할아버지와 할머니도 함께 타고 달리는 오토바이처럼 넘어질 듯하면서 넘어지지 않고 사연 많은 세월을 살아오셨을 것이다. 장사 일을 하면서 아들딸 키우고, 학교도 보냈을 것이다. 할머니는 매일 아침 아이들 도시락을 열 개는 쌌을 것이다.

선친이 보낸 세월, 충렬시장 할아버지의 세월, 그리고 내가 보내고 있는 세월. 이름 없이 사라지는 세월이지만 무심한 세월이 사람을 키운다. 세월을 보내면서 비로소 사람이 되어가는 것이다. 나는 장사 일로 보낸 세월에서 철이 든다.

얼마나 외롭고 힘들었을 것인가. 그 세월을 견디게 해준 것은 바로 강유(剛柔)의 마음이다. 강유는 마음속에 간직하고 있는 것만으로도 견디기 힘든 순간을 슬쩍 흘려보내가 한결 수월하다.

내강외유한 사람은 유연함과 절제된 감정으로 융통성을 가진다. 항시 부드러운 언행이다. 예의와 겸손을 안다. 한없이 부드럽고 온화한 사람이다. 그러나 자신에게는 엄격하다. 인내와 지혜는 강인함으로 나타난다. 위기에 처해서는 굳센 기개를 보인다. 앞을 내다보는 슬기와 지혜로운 안목으로 채워진 합리적인 사람이 강유(剛柔)한 사람이다.

이름 없는 민초들은 들에서 농사짓고 산에서 땔감을 주우면서 살아왔다. 이름 남기기를 원치 않는다. 들녘에 핀 한 줄기 풀꽃이 될지라도 내 주위 사람들과 어울려서 오랜 세월을 살아가는 것, 그것이 내강외유의 기본이다.

글을 써놓고 보니 나와는 한참 동떨어진 이가 너는 정녕 그러하냐고 묻고 있다.

– 너는 정녕 그러하냐?

쉰이 아흔을 만나다. 삶과 죽음에 대해서
- 3년 전 일기장에서 각색

우리 어른들이 흔히 하시는 말로 나이를 먹고 늙어지면 시간이 더 빨리 간다고 한다. 시간이라는 놈은 희한하게도 우리가 스무 살, 서른 살 때는 시속 20~30km로 가는 둥 마는 둥 하면서 천천히 간다고 한다. 그런데 청춘이 늙어지고 마흔이 넘고 보면 시간이 서서히 속도를 올리기 시작하는데 마흔에는 시속 40km, 쉰이 되면 시속 50km, 육십이 넘어서면 시속 60km로 쌩하고 달린다고 한다. 나이가 들수록 비례해서 시간이 흐르는 속도도 빨라진다는 것이다.

한마디로 젊을 때는 시간이 너무 안 가는데 나이가 들고 육십, 칠십이 되면 시간이 너무 빨리 흘러서 계절이 금방금방 바뀐다는 것이다. 나는 아직 육십이 되지 않았으니 이런 걸 느낄 수가 없지만 갓 마흔을 넘겼을 때가 엊그제 같은데 벌써 쉰을 넘긴 것을 보면 육십, 칠십도 금방 올 것 같기는 하다.

그런데 오늘 아침 MBC 라디오 〈황선숙의 건강한 아침〉에서 나이가 들면 시간이 더 빨리 간다는 말이 실제 과학적으로 설명이 되었다는 이야기를 들었다.

사람들은 머릿속에 기억되는 이미지로 시간을 기억하는데, 젊을 때는 두뇌의 회전속도가 빨라서 짧은 시간에도 머릿속에 저장되는 이미지가 많은 반면에, 나이가 들면 아무래도 두뇌 회전속도가 느려지기 때문에 하나의 이미지를 저장하기 위해서는 많은 시간이 필요하다는 것이다. 그래서 작은 이미지 하나에 많은 시간이 저장되어 있기 때문에 스스로는 시간이 빠르게 흐른다고 생각하게 된다는 것이다.

나는 경남 진주의 아주 작은 시골마을에서 자랐다. 내가 다니던 초등학교는 내가 군에 다녀왔을 무렵에 폐교되었다. 고향마을에는 내가 태어난 집이 있다. 선친께서 돌아가시고 어머니 혼자 살고 계신다. 말 그대로 나의 생가다.

나는 그 집에서 중학교 졸업할 때까지 할머니랑 같은 방에서 지냈다, 중학생이 되어서도 할머니 지지를 만지고 잠들었다. 교육적으로 나쁘다는 말을 들은 적 있지만 나는 잘 모르겠다.

어쨌든 그때는 어려서 그랬는지 모르지만 철이 없어서 세월이 흐른다는 개념을 아직 가지고 있지 못했다. 크고 자라고, 시간이 흐르는 개념이 아니라 할머니는 원래부터 할머니, 어머니, 아버지는 원래부터 어머니, 아버지로 만들어져서 같이 살고 있는 거라고 느꼈을 뿐이다. 원래부터 있어온 존재의 개념 그대로 동화 속의 한 장면처럼 말이다.

세월이 흘렀다. 할머니는 내가 결혼하고 서른이 갓 될까 말까 할 무렵
에 돌아가셨는데 돌아가시기 전에 기력이 많이 쇠하신 채로 오랫동안 자
리에 누워 계셔야 했다. 할머니는 내가 쌍둥이를 낳자 증손주 둘을 쓰다
듬어보시고

– 둘 다 니가 낳았나?

하셨다.

그때의 아버지도 이제 세상에 안 계신다. 어머니는 여든 아홉이 되셨
다. 나는 시골에 혼자 자주 내려간다. 어머니가 혼자 계시니 걱정이 되어
서다.

지난주 토요일, 어머니랑 저녁을 먹고 잠자리에 누워서 텔레비전을 보
고 있었다. 별말 없이 누웠는데 문득 어머니께서

– 지금 이 나이가 되도록 살아보니 아무 한 일도 없이 밥만 축내고 살
아온 것 같다.

그러셨다. 내가 웃으면서

– 엄마, 인자 엄마 연세가 많기는 많으신가 보네요. 그런 말씀을 다 하
시그로?

했다.

내가 중고등학교를 다니던 옛날, 그 시절 우리 시골의 젊은 어머니들

은 추수철 말고는 돈 나올 데가 없어서 밭에서 나는 상추나 고추 따위 푸성귀들이나 개울에서 잡은 소라나 고둥 등을 장에 내다 팔아 학용품도 준비해주고 옷도 사 입히고 그랬다.

마산 역 주변에 번개시장이라고 있었다. 새벽에 잠시 섰다가 열두 시 되기 전에 폐장되기 때문에 생긴 이름이다. 번개시장.

어머니가 새벽기차를 타기 위해 새벽 요기를 하고 나가시는 날 정지(부엌)에 들어가 보면 살강(대나무를 여러 개 나란히 엮고 공중에 달아 그릇들을 올려놓는 곳, 찬장 비슷한 구실을 하도록 만든 것)에 빈 밥그릇과 숟가락 한 개가 놓여 있었다. 젓가락도 없고, 김치나 된장 같은 양념이 묻은 흔적도 전혀 없는 빈 밥그릇과 숟가락 한 개.

아, 어머니는 찬도 없이 물에 밥 말아 새벽 허기를 끄시고 동네 아주머니들과 함께 보따리를 이고 기차역으로 가신 것이었다. 그 시절, 우리 어머니들은 그렇게 우리를 키우셨다. 그런데 한 일없이 세월만 보낸 것 같다니.

콧날이 시큰했다. 방에서는 아들과 어머니의 이야기 소리가 끊어졌다 이어졌다 했다. 고향집에서 어머니는 나를 키우고 늙었다. 어머니가 늙는 동안 아들은 쉰이 되었다.

어릴 때 고향마을에는 집집마다 대나무 평상이 있었습니다. 낮에는 아이들이 모여서 방학 숙제를 하는 공부방이기도 했고, 저녁에는 가족들이 둘러앉아 밥도 먹었습니다. 평상 옆에는 모깃불 짚더미에서 연기가 뭉게뭉게 피어오르고요. 그림이 그려지지요?

대나무 평상은 너무 오래되어 지금은 새로 만든 평상이 놓였습니다. 평상에 걸터앉아 봅니다. 초저녁 별을 보면서 같이 저녁을 먹던 할머니, 아버지 모두 이제는 안 계십니다. 새로 만든 평상은 늘 비어 있습니다.

은퇴 뒤 노후는?

– 나는 가늘고 길게! 너희들은?

나의 인생은 한 방이 없고 끊어질듯 이어질듯 아슬아슬하게 흘러왔다. 일찌감치 '가늘고 길게'를 인생의 모토로 삼았다.

노후의 인생에 대해 강연하는 강창희 트러스톤 연금포럼 대표는 노후에는 직접 일해서 월 20만 원을 버는 것이 현금 1억 원을 은행에 두고 있는 것보다 낫다고 한다. 요즘 같은 저금리 시대에 현금 1억 원을 1년간 은행에 맡기면 1년에 200만 원 정도 이자가 나오는데 한 달에 20만 원밖에 안 된다는 것이다.

2022년 3월 11일 〈조선일보〉에 올해 3월 소규모 자영업자들이 눈여겨봐야 할 기사가 실렸다.

경제협력개발기구(OECD) 2018년 자료에 따르면 우리나라의 실질 은퇴 나이는 평균 72.3세로 OECD 국가 중에서 1위였다. 실질 은퇴 연령이란 일을 완전히 그만두고 일상 경제활동에서 물러나는 연령을 말한다. OECD 평균은 65세, 초고령 사회인 일본에서도 70.8세에 은퇴한다. 미국의 실질 은퇴 나이는 67.9세였다.

우리나라의 실질 은퇴 연령이 다른 나라보다 훨씬 높다. 이것은 우리나라 노인들이 다른 나라 노인들보다 훨씬 더 오래 일해야 한다는 것을 말해주는 자료이다.

박지혜 미래에셋 투자와 연금센터 연구원은 한국 남성들이 노동 시장에서 완전히 퇴장하는 나이는 평균 72.3세로, 국민연금 수급 개시 연령인 공식 은퇴 시점(62세) 이후에도 10.3년 넘게 일하고 있다고 한다. 실질 은퇴 연령이 계속 늦어지는 것은 경제적인 노후 준비가 부족한 상황이 지속되고 있다는 의미라는 설명이다.

2021년 통계청에서 발표한 자료에 따르면 2021년 65세 이상 고령자는 16.5%인 853만 명이다. 2060년에는 43.9%로 인구의 절반이 65세 이상으로 초고령 사회가 된다는 예측이다.

70세 이상의 경제 활동 참여 비율은 2010년 38%였지만, 2021년에는 44.4%로 더 높아졌다.

이 기사는 우리나라 대부분의 가정이 경제적인 노후 준비에 취약한 것을 여실히 보여준다. 이제 대한민국 일자리 문제는 20~30대 청년들뿐 아니라 60~70대 퇴직한 노인들에게도 당면한 문제다. 일자리를 두고 청년들과 노인들이 경쟁해야 하는 사회가 된 것이다.

소득이 꾸준한 직장인들과 달리 부침이 심한 자영업자들은 정부에서 운영하는 국민연금 가입마저도 부실한 경우가 많다.

강창희 대표는 선진국인가 아닌가의 구분은 국민 개개인이 노후에 필요한 자금을 공적, 사적연금의 형태로 죽을 때까지 보장받을 수 있는가 아닌가로 구분할 수 있다고 말한다.

나는 이 말이 정말 와닿는다. 나야 말로 쌀장사로 살아오는 동안 창고 월세를 내기 힘들어서 건물과 건물 사이에 있는 허름한 불법 건축물을 창고로 이용하기도 하는 부침을 겪기도 했다. 그러나 이십 대 후반에 시작한 직장 생활시절부터 납입해 오던 국민연금은 자영업자가 된 이후에도 꾸준히 납입해오고 있다.

나는 예전부터 알고 지내는 후배 자영업자들에게 씀씀이를 줄여서 은퇴 후 받을 수 있는 연금, 특히 정부에서 운영하는 국민연금은 꼭 가입해 둘 것을 이야기해왔다.

지금 우리나라의 자영업자들은 못살겠다고 아우성이다. 그도 그럴 것이 우리나라 근로자의 약 4분의 1 정도가 자영업자. 통계청 나라지표에 따르면 우리나라 자영업자 수는 2002년에 621만 명으로 최고치를 보였다. 과당 경쟁 등으로 감소추세이기는 하지만 그래도 2020년 현재 553만 명이나 된다고 한다. 자영업자 중 종업원 없이 1인이 운영하는 자영업자의 수는 416만 명으로 약 75% 나 된다.

〈TOPDaily〉에 따르면 특히 우리나라 2020년 신규 사업자 개업은 151만 명이다. 폐업하는 사업자는 130만 명으로 단순 비교하면 86%가 폐업한다. '폐업'이라는 말 대신 '망한다'는 표현을 쓰면 끔찍하지 않은가.

그런데 우리나라 전체 자영업자 중 국민연금 미가입자가 26%에 이르고 특히, 1인 자영업자의 30% 정도가 국민연금에 가입하지 않았다고 한다. 알고 지내는 1인 자영업자 사장님들과 대화해보면 열 명 중 서너 명은 국민연금에 가입되어 있지 않다. 통계자료와 얼추 맞는다. 나 스스로 자영업자로 살아왔지만 앞으로 그 해결책이 막막하다. 국가적 난제다.

노후를 위한 연금은?
– 늙음에 대해 철저히 대비하라

요즘에는 30대 중반 젊은 사장님들이 늘고 있다. 왜 이렇게 식당 창업에 목을 매는지 싶을 정도다. 심지어 아직 개업을 하기에는 사회 경험이 부족하다 싶은 20대 초중반의 식당 사장님들도 흔히 보게 된다. TV에서 먹방이나 셰프 관련 예능 프로그램이 인기를 끄는 데 따른 영향이라고 본다.

젊은 도전을 응원한다. 그러나 자영업자로 살아온 나의 젊었던 시절이 생각나 걱정이 앞서는 것도 사실이다. 경험을 쌓는 것은 좋다. 젊어서 고생은 사서도 한다고 하지 않는가. 그러나 식당 창업에는 많은 돈이 들어간다. 대부분 부모님의 지원이나 금융기관을 통한 부채이다. 안타까운 심정이다.

– 늙음에 대해 철저히 대비하라.

이왕에 자영업의 길을 선택한 젊은 사장들에게 내가 강조하는 말이다. 특히 노후 연금 상품에 꼭 가입해두라고 권한다. 하루하루 일어나는 매출이 전부 내 돈이 되는 것으로 착각하는 철없는 젊은 사장님들이 너무 많다. 젊은 자영업자들의 노후에 대한 인식은 턱없이 부족하다. 젊음은 영원하지 않다. 꼭 말해주고 싶다. "너희들도 늙는다."

식당에서는 늘 사고가 발생한다. 식당을 드나들면서 많은 사고를 목격했다. 잠깐 비틀거리면서 무심코 씽크대 모서리를 잡았다가 삐져나온 철판에 손가락을 크게 베이는 사고를 당한 사장님, 문턱에 걸려 넘어지면서 펄펄 끓는 대구탕 그릇을 온 몸으로 뒤집어 쓴 이모…. 사장님들 손가락에는 반창고가 떠날 날이 없다.

또 50~60대의 사장님들에게는 어쩔 수 없는 노화 과정이 있다. 몸의 움직임도 둔해지고 각종 질병에도 취약해지기 시작한다. 안전사고와 질병에 대한 보장성 보험이 꼭 필요하다. 젊음과 마찬가지로 건강 역시 영원하지 않다.

직장인들은 취업과 동시에 국민연금, 건강보험 등 4대 보험에 의무 가입된다. 직장생활을 하고 퇴직을 하면 자동적으로 노후 연금을 보장 받는다. 이와 달리 자영업자는 모든 질병과 산업재해를 본인이 감당해야 한다. 가게를 폐업하고 나면 아무것도 남는 것이 없지 않은가.

100세 시대라고 한다. 요즘에는 송정이나 기장 쪽 배송이 자주 들어온다. 부산과 울산을 연결하는 동부산 해안선을 따라 사람들이 모여들고 있다. 해운대나 송정, 일광 같은 바닷가 카페촌에는 평일에도 사람들이 꽉 차있다. 엇? 그런데 모두 50~60대들이다. '장수만세'가 따로 없다.

예전에는 한적한 카페촌에 중년의 남녀가 다정하게 앉아 있으면 모종의 불륜을 상상할 정도였다. 지금은 거꾸로다. 경치 좋은 카페가 있다 하면 금새 입소문을 타고 노인들로 꽉 찬다. 젊은이들을 볼 수가 없다. 은퇴를 앞두고 유유자적하는 노인들이다. 고령사회라는 말이 실감난다.

평일에 카페촌은 영세 자영업자들에게는 딴 세상 이야기다. 우리들에게는 그럴 여유가 없다. 나는 항상 강조한다. 돈은 벌 수 있을 때 모아야 한다. 모을 수 있을 때 아껴야 한다.

큰 부자는 버는 것이 중요하다. 그들은 상상할 수 없을 만큼 벌어들인다. 그러나 우리처럼 영세 자영업자들에게는 버는 것보다 아껴 쓰는 것이 중요하다.

김경록 미래에셋 은퇴연구소 소장은 방송대 지식플러스 강의 〈행복한 노후를 위한 자산관리〉에서 쓸데없는 기름기로 건강을 해치는 것처럼 쓸데없는 비용으로 노년의 삶이 황폐해지는 것을 경계해야 한다고 말한다.

우리는 가진 것 없는 자영업자다. 젊었다면 최선을 다해 노후를 대비하자. 이미 늙어버렸다면 돈이 없다고 실망해서도 안 된다. 쓸데없는 돈이 새는 문을 막고, 나가는 돈을 찾아 노후에 쓸 지갑에 넣어두라. 아직 늦지 않았다. 늙음에 대비하자.

쉰, 우리도 슬슬 은퇴를 준비해야 합니다
— 돈에서 해방되자, 나의 본질에 집중하자

한국의 노인 빈곤율은 경제협력개발기구 회원국 중 압도적 1위다. 〈한 계레〉 이지혜 기자의 2021년 9월 29일자 기사에 잘 나와 있다.

"우리나라 66세 이상 은퇴연령층의 상대적 빈곤율(중위소득 50% 이하의 소득을 가진 사람들의 비율)은 2019년 기준 43.2%다. 국제 비교가 가능한 2018년, 한국의 노인 빈곤율(43.4%)은 라트비아(39%), 에스토니아(37.6%), 멕시코(26.6%)보다 높다.

이런 상황에서 노인들의 기대 수명은 점점 높아지고 있다고 한다.

올해 우리나라 65세 이상 고령 인구는 전체 인구의 16.5%인 853만7천 명이다. 2025년에는 노인 인구가 천만 명을 넘어 초고령사회에 진입할 것으로 추정한다.(2025년 65세 이상 노인 예상 인구는 전체 인구의 20.3%, 1,051만 1천 명이다.) 특히 우리나라 65세 이상 노인들은 여자의 경우 88.4세, 남자의 경우 84.1세까지 살게 된다고 한다."

기사의 내용과 같이 불과 3년 뒤 2025년, 대한민국은 65세 이상 노인 인구가 천만 명을 넘는다. 고시원에서 생활하는 노인들 이야기가 남의 이야기가 아닐 수도 있게 된다.

시니어TV 전병윤 강사는 늙어서 당하지 말아야 할 4대 우환이 있다고 한다. 유병장수, 무전장수, 무업장수, 독거장수이다. 병을 앓으면서 오래 사는 것, 돈 없이 오래 사는 것, 일을 하지 않고 오래 사는 것, 홀로 되어 오래 사는 것이 인생 최대 불행이라는 것이다. 적절한 비유다.

쉰이다. 이제 우리도 남에게 뭔가 보여 주여야 할 나이가 되었다.

주변 사람들을 보면 계속 씀씀이가 늘어나고 있다. 이 나이가 되면 근사한 집도 보여주어야 하고, 일 년에 서너 달은 여행지를 돌아다니는 여유로운 삶도 내세워야 한다. 여행을 갔다, 무엇을 먹었다, 가방을 샀다 하는 일들로 핸드폰 프로필을 꾸미고 자신의 여유로운 생활을 자랑하는 것이 유행이다. 나의 결과를 보여주기 위해서다.

원래 가졌던 나의 본모습은 간 곳이 없다. 스마트폰 촬영 버튼을 누르는 찰나의 순간, 보여지는 한 순간, 그 순간의 모습이 나의 영원한 모습이기를 바란다. 사람들도 그 모습에 열광한다. 화면에 비치는 나의 모습이 행복의 보증서다. 그러나 남은 삶의 즐거움을 너무 먹고 입는 데 허비하시지 않기를 말씀드린다. 인생의 즐거움에는 소비의 즐거움만 있는 것이 아니다.

노후문제를 진단하는 프로그램을 보면 무섭기까지 하다. 퇴직 이후 살아갈 날이 30년이나 남았는데 무얼 먹고살 것이냐고 강조한다. 전문가들이 나와서 정확한 분석을 한다. 죽을 때까지 먹고 살려면 몇 억 원 이상의 돈이 있어야 한다고 한다. 그래서 다들 걱정이 태산이다.

그런데 글쎄? 돈이 있다고 노후문제가 해결될까? 그리고 지금 그런 돈이 어디 있나?

우리나라는 이제 먹고살 만한 나라가 되었다. 과거에 해결이 요원하던 의료나 복지 같은 국가 체계들도 정비되고 있다. 아무리 시골이라도 전기, 수도가 없고 난방이 안 되는 경우는 별로 없다. 인터넷이 안 터지는 곳도 매우 드물다.

마음을 비운다면 한 칸짜리 공공임대 아파트에 살더라도 추위에 떨면서 굶고 지낼 걱정은 하지 않아도 된다. 극단적인 비유일지 몰라도 버려지는 옷도 너무 많다. 문제는 돈이 아니다.

사람들은 누구나 인생의 결과가 빛나고 멋있게 보여지기를 원한다. 그러나 그러한 욕망에 사로잡히는 순간 사람은 불행해진다. 그것을 채우기 위해 또 다른 사슬을 짊어지게 된다.

씀씀이를 줄이고 자신의 본질에 충실해야 한다. 얼마의 돈을 가지고 있느냐에서 벗어나야 한다. 삶에는 그 자체로 중요한 것들이 너무 많다. 건강, 안전, 존중 등 사람의 본질을 빛나게 하는 것들에 집중해야 한다.

나의 본모습을 찾아야 한다. 남은 삶을 바로 보아야 한다. 체면치레에서 벗어나야 한다. 여행도 취미도 나의 분수에 맞게 줄여야 한다. 남에게 보여주고 싶은 욕망에 맞설 줄 알아야 한다. 그래야만 행복한 노후를 맞을 준비를 시작할 수 있다. 노후문제는 노후자금의 문제가 아니다. 돈의 굴레에서 벗어나는 것에서 출발한다.

"자기 나이에 알맞은 이지(理智)를 갖지 못하는 사람은 그 나이가 가지는 온갖 불행을 면치 못한다."

— 볼테르

인생 2모작? 다른 나라 이야기!
– 우리 같은 자영업자에게는 '가늘고 길게'가 최고야

해운대구 반여동에 있을 때다.

안락동에서도 그랬지만 이곳에도 종이 줍는 할머니들이 참 많다. 연세들도 다양하다. 60대 후반쯤은 차라리 좀 젊으신 편이다. 여든이 넘어 보이는 분들도 계신다. 대부분 큰 수레는 끌지 못하고 시장바구니용 캐리어를 끌고 다니시는데 그것도 기력이 딸리는가 싶다. 하루 종일 다녀도 캐리어에는 박스 두세 장이 전부다.

같은 동네 분들이라 매일 가게 앞을 지나다니시니 저절로 인사를 하게 된다. 어떤 할머니들은 가게 문 앞에 한참 앉아 계시기도 한다. 또 어떤 분들은 아는 사람이 종이를 주워 모은다고 하면서 빈 박스를 달라고 하기도 한다.

어느 날 가게에 종이박스가 네댓 개 모였다. 마침 지나가는 할머니가 계셨다. 박스를 내드렸다. 할머니가 아는 체를 하며 카트를 밀고 가까이 오셨다. 그런데 갑자기 저쪽 모퉁이에서 카트 하나가 불쑥 나타났다. 종이박스 옆에 자석처럼 착 달라붙었다. 말 그대로 눈 깜짝할 새였다. 왼편

모서리에 앉아계시던 다른 할머니께서 날렵하게 카트를 들이 민 것이다. 본의 아니게 곤란한 상황이 연출되었다.

– 성님, 오늘 일찍 나오셨네?

평소 사이가 좋으시던 두 할머니는 곧바로 내 것이라고 다투기 시작했다. 더구나 이 집 가게 사장은 내가 잘 아는 총각이라는 것이다. 두 분 다 인사를 드리는 할머니시니 잘 아는 사람이 맞기는 하다.

더 놔두면 진짜 싸우실지도 모른다. 새 박스를 몇 개 뜯어서 똑같이 실어드렸다. 두 분은 머쓱한지 서로 말없이 앉아계신다.

올해 4월 20일 세계에서 가장 오랫동안 직장생활을 한 사람이 기네스북에 올랐다. 브라질의 바우테르 오르트만이라는 할아버지다. 할아버지는 올해 100세인데 12살 때부터 생활 전선에 뛰어들었다 한다.

바우테르 할아버지는 15살 때인 1938년 1월 17일에 브루스키라는 의류 원단 회사에 정식으로 취직한 뒤 지금껏 이곳에서만 84년째 일하고 있다고 한다.

건강을 유지하면서 직장생활을 오래 할 수 있는 비결을 묻는 말에 그는 인생은 잠깐 스쳐가는 것이며, 내일을 걱정하지 말고 오늘을 열심히 살아야 한다면서 조바심 내지 말고 느긋하게 웃으며 사는 것이 비결이라고 강조했다. – 참고: 〈연합뉴스〉, 2022. 04. 20.

우리나라에도 올 6월에 소천하신 방송인 송해 선생이 있다. 송해 선생은 95세가 되도록 KBS 〈전국노래자랑〉을 35년간 이끌면서 최고령 진행자로 기네스 세계기록에 등재되었다.

100세 넘게 현역으로 활동하는 것은 쉬운 일이 아니다. 인생에는 한방이 없다. 사람의 한평생을 싸이클로 풀이하면 30년 교육, 30년 직장생활, 30년 퇴직 후 은퇴생활로 한 일생이 마무리 된다고 한다. 고령화 저금리 시대에는 노동의 가치가 높아져서 근로소득의 가치가 높아진다고 한다. 건강을 유지해서 현재의 근로소득을 유지하는 것이 노년의 삶의 행복 증진에 매우 중요하다는 것이다.

김경록 대표는 유튜브 〈재테크 연구소 M_LAB〉에서 '노후에 당하면 회복 불가능한 5가지 악재들'을 설명했다.

첫째는 창업리스크이다. 모아둔 돈과 퇴직금 등으로 창업을 하는 경우이다. 아시는 대로 식당 창업은 85% 이상이 5년 이내에 도산한다.

둘째, 자녀 리스크이다. 자녀 교육, 자녀의 결혼과 이혼, 손자 부양, 자녀 빚보증까지 떠맡는 중년들이 부지기수다. 자녀들이 원수인 셈이다.

실제로 배달 일을 하다 보면 마흔이 넘은 자녀의 취업 뒷바라지를 위해 식당 문을 열어야 하는 노년의 사장님들이 수두룩하다.

셋째로 질병 리스크이다. 노후에 찾아오는 질병은 고액의 병원비와 간병비가 필요하다. 노후의 안정적인 생활을 위협하는 최대 위험 요소이다. 특히 수명이 늘어나면서 60대 노인이 90대 노부모를 부양하는 일들이 허다하다.

넷째로 싱글 리스크이다. 배우자의 사망으로 인한 연금의 축소나 주거비, 생활비에 대책이 없는 경우가 많다. 황혼 이혼으로 인한 행복감도 바닥으로 추락한다.

다섯째로 의외의 복병인데 노인들을 대상으로 한 사기 리스크라고 한다. 평균 1회당 사기 금액은 7천만 원 정도라고 한다. 우리나라 노인들의 20%이상이 사기를 당했거나 당할 뻔한 경우가 있었다고 하니 참 어이가 없는 세상이다.

요즘 인생 2모작이라는 말을 많이 쓴다.

말 그대로 사회생활을 끝내고 은퇴 이후에 새롭게 시작되는 인생이라는 의미일 것이다. 노후에 대한 준비가 미리부터 시작되어 있는 사람은 인생 2모작이라 하면 그동안 얽매였던 생활에서 벗어나 나를 위해 즐길 수 있는 등산, 골프, 여행 등 이런 것이 먼저 떠오를 것이다.

그러나 별다른 퇴직금도 없는 우리 자영업자들은 다르다. 인생 2모작을 설계하는 것은 단순히 취미생활을 위한 것임이 아니다.

노후에 기댈 곳 없는 우리들 자영업자는 명심하자. 선배 자영업자들을 보면 회사원 친구들이 은퇴하여 인생 2모작을 시작할 나이에도 여전히 현역인 경우가 대부분이다. 영세한 수입으로 자녀 양육에 헌신하다 보니 자신의 노후 준비가 안 되어 있는 것이다. 더욱이 내가 늙어가는 것처럼 이미 노쇠하신 부모님의 건강도 하루가 다르다. 자식 부양에 노부모까지 봉양하는 경우라면 자신의 노후 준비는 언감생심일 뿐 이중 부담에 어깨가 휠 지경인 것이 자영업자들의 현실이다.

인생 2모작은 대부분의 자영업자에게는 다른 나라 이야기다. 그래서 1인 자영업자들은 체력이 감당이 되는 한 자기 일을 계속하는 것이다. 우리 같은 자영업자들에게는 좋은 체력과 건강을 유지하는 것, 그것 자체가 인생 2모작이다.

율곡 이이 선생은 인생의 3대 불행을 소년 출세, 중년 상처, 노년 빈곤이라고 했다. 어린 나이에 출세하는 것, 중년에 배우자를 잃는 것, 노년에 가난한 것을 말한다. 노년의 대비가 안 되어 있는 사람이 질병에 노출되면 더 이상 돈벌이를 할 수 없어 빈곤으로 직결된다.

일찌감치 '가늘고 길게'를 삶의 모토로 삼은 나 같은 이들은 건강을 잘 지켜야 한다. 그래서 나는 항상 강조한다.

– 인생은 '굵고 짧게'가 아니라 '가늘고 길게'!

오잉? 인생 3모작?

– 그런 건 없어, 이제 곧 우리 차례!

올 봄에 식당을 하다가 경남 남해로 귀농하신 누님이 요양보호사 자격을 취득했다고 한다. 누님은 시간이 더 흐르면 반드시 오게 될 매형의 인생 3모작을 준비하신 것이다.

인생 3모작이라는 말을 들어보셨을 것이다. 숫자의 나열로 보아 인생 2모작 이후의 또 다른 취미생활이나 전문 직업을 갖는 시간으로 생각하기 쉽다. 그러나 내가 생각하는 3모작은 그 뜻이 다르다.

3모작의 시기는 혼자 힘으로 일상생활이 불가능한 시기를 말한다. 농사에 있어서도 3모작이 불가능하듯이 인생에서도 3모작의 시기에는 생산이 전혀 없는 시기다. 사람은 더 나이가 들면 걷는 것조차도 다른 사람의 도움을 받아야 할 때가 온다. 바깥 출입이 힘들거나 불가능해진다. 화장실을 갈 때도 누군가의 부축을 받아야 한다. 병상에 누워 지내야 하는 시기다.

요양병원에 가면 많은 노인들이 계신다. 우리는 그분들이 우리의 미래와 전혀 관련이 없는 듯이 생각하는 경우가 있다. 2018년 기준으로 100

세 이상 노인은 15,500명인데 그중 절반은 요양병원에 있다. 100세 시대라 해도 올바르고 건강한 100세 시대가 아니다.

요양병원에 입소한 여러분의 모습을 상상해본 적 있는가. 어린아이였을 때 어른이 된 자신의 모습을 상상할 수 없듯이 중장년의 시기에 인생 3모작에 들어선 자신의 모습을 상상할 수 없다.

50대 자영업자인 우리는 인생 3모작의 시기가 되었을 때 다음 두 가지를 생각해두어야 한다.

– 나는 어디에 있을 것인가?
– 나는 누구의 도움을 받을 것인가?

이 글을 쓰는 도중 2월에 어머니가 소천하셨다. 어머니가 가신 뒤 존버 이외수 선생께서 떠나셨고, 김지하 시인, 강수연 배우가 세상을 떠났다. 송해 선생도 가셨다. 죽음은 누구라도 피할 수 없다.

어머니는 코로나가 유행하기 직전에 아흔의 연세에 노인요양병원에 입원하셨다. 어머니는 면회가 통제되는 상황에서 만 2년을 병원에 계셨다. 어머니께서는 당신이 평생을 살았던 시골집을 그리워하셨다. 어머니가 제일 많이 하신 말씀은 "집에 가고 싶다."였다.

임종 두세 달 쯤에 기력이 매우 쇠잔해지셨다. 낙상을 염려한 병원에서 내놓은 유일한 해결책은 '기저귀'였다.

병원의 일괄 간병은 노인들에게 기저귀를 채우고 노인들을 침대 밖으로 내려오지 못하게 한다. 기저귀를 찬 채로 대소변을 침상에서 해결하게 하는 일괄 강제조치였으니 인간의 존엄은 상상할 수조차 없다. 아직 정신이 맑았던 어머니 역시 자존감이 상실되면서 무척 괴로워하셨다. 어머니의 경우는 기저귀를 찬 지 2개월 만에 소천하셨으니 이것을 다행이라고 여겨야 하나….

사실 노인병원의 침상 생활은 생각보다 오래 가는 수가 있다. 각종 영양제 투여와 간병으로 노인들의 삶이 길어지는 것이다. 이것이 우리나라 요양병원들의 실상이다.

어머니께서 요양병원에 계실 때 쌀 도매업을 하는 형님뻘 사장님들이 하는 경험담을 들은 적 있다.

― 하 사장, 인공호흡 같은 것은 절대로 하면 안 된다.

사장님의 장모님은 운명 직전에 호흡이 가빠서 너무 괴로워하셨다고 한다. 고통스러워하는 어머니를 두고 볼 수 없어서 처남들이 인공호흡을 결정하게 되었다. 장모님은 인공호흡 호스를 달고 꼼짝도 못하고 의식도 없는 채로 약 2년 정도를 더 계시다 세상을 떠나셨다는 것이다. 너무너무 고생을 많이 하셨는데, 자식으로 할 짓이 못되더라는 것이었다.

한림대학교 김현아 선생의 저서, 『죽음을 배우는 시간』에 인공호흡을 위한 기도삽관 과정이 그림과 함께 설명되어 있다.

우선 인공호흡 시에 환자에게 삽입하는 호스만 해도 대여섯 개나 된다. 제일 굵은 호스는 7~9mm나 된다. 거의 손가락 굵기만 하다. 입에서 폐로 연결된다. 그 밖에도 영양공급을 위해 핏줄에 꽂는 호스, 혈압을 재기 위해 정맥에 꽂는 호스, 소변을 위해 방광에 꽂는 호스, 콩팥의 노폐물을 걸러내는 호스….

김현아 선생의 설명은 이것으로 그치지 않는다. 기계가 강제로 불어넣는 호흡은 제정신으로는 견디기 힘들기 때문에 진정제를 대량 투여해야 한다고 한다. 그런데도 중환자실의 생존확률은 절반을 조금 넘는 수준이라고 한다.

말 그대로 고생만 실컷 하다가 온갖 기계들에 매달려서 돌아가시는 것이다.

3년 전 쯤 여름에 고향마을에서 또 다른 형태의 죽음이 있었다. 윗동네에 할머니 한 분이 89세의 연세로 운명하신 것이다. 할머니는 인사차 들린 조카에게 손수 농사지은 고추랑 오이 등을 보내주고 싶은 마음에 밭에 잠시 나가셨는데, 한여름 뙤약볕을 이기지 못하시고 그만 큰일을 당하신 것이다.

내가 윗동네 할머니의 죽음을 기억하는 것은 그 할머니는 어머니의 어릴 적 친구였기 때문이다. 할머니와 어머니는 한 동네서 자라 같은 해에 아랫마을, 윗마을로 시집오셨다. 어쩌다 마을길에서 만나기라도 하면 아흔을 바라보는 두 노인이 '친구야' 하면서, 서로 손을 부여잡고 어깨를 쓰다듬고 하시는지라 그 애틋함이 보기에 눈물겨웠다. 평생을 같이 지낸 어릴 적 동무를 먼저 보낸 어머니는 한동안 참 슬퍼보였다.

사람이 갑자기 떠나면 남아 있는 사람들은 얼마나 황망할까 하는 생각이 들었다. 그러나 돌이켜 생각해보면 그 할머니의 죽음이야말로 신선 같은 죽음이다. 당신께서 살아온 삶의 현장에서 90평생을 건강하게 사시다가 운명하신 것 아닌가.

어머니는 92세로 운명하셨는데, 친정 형제로는 언니 두 분과 남동생한 분을 먼저 보내셨고, 시가 쪽으로는 남편과 시동생 둘, 아랫동서 둘, 시누이를 먼저 보내셨다. 그리고 고향 마을에 계시던 종친 일가친척 어른들이 돌아가시는 것을 모두 보았다. 나보다 나이 어린 사람들이 나보다 먼저 죽는 것을 보고 혼자 남는 괴로움을 모두 겪은 것이다.

아흔이 넘은 어머니를 봉양하면서 시골집에서 어머니와 단둘이 보내는 시간이 많았다. 사는 것이 허무하다는 말씀을 자주 하셨다. 이해가 될 듯 했다. 내친 김에 어릴 때 보았던 죽음에 대한 경험을 더 이야기해보겠다. 어차피 곧 우리에게도 닥칠 일 아닌가.

그리고 이 책을 쓰는 궁극적인 목적 또한 행복을 바라보는 바람직한 삶의 자세를 위한 것이다. 죽음을 맞는 자세는 궁극의 행복을 위해 큰 비중을 차지한다.

아주 어렸을 때 임종 직전 작은할아버지의 모습이 지금도 생생하다. 작은 할아버지 집과 우리 집은 바로 붙어 있다. 시골에는 같은 성씨들이 모여 사는 마을이 많다. 집성촌이라 한다.

당숙과 아버지가 작은할아버지의 머리맡에 앉아 계셨다. 할아버지는 며칠 전부터 아무것도 안 드셨다. 숨이 몹시 가빴다. 그 와중에서도 할아버지는 나를 보시고는 앙상한 팔을 뻗어 초코파이 하나를 주셨다. 나는 초코파이를 만지작거리고 있었다. 겉이 약간 부스러진 초코파이가 선명하게 기억난다. 할아버지는 이틀을 더 계시다가 새벽에 운명하셨다.

불가역적인 운명의 과정에 들어선 노인들이 음식을 삼키지 못하면 죽을 드시게 하고, 죽을 못 드시면 미음을 드렸다. 미음조차 넘기지 못하면 물로 입술을 적셨다. 노인들이 곡기를 끊으면 보름 정도 안에 돌아가신다고 어른들이 말씀하셨다.

병 수발을 오래 드는 경우도 있었지만, 당신이 살던 집에서 아들, 며느리들이 보는 앞에서 돌아가시는 것이다. 보통 이것이 평화로운 죽음이었다.

예전에는 어른들이 돌아가시면 어른이 생활하시던 큰방에 시신을 모시고 동네 사람들이 모두 모여서 장사를 지냈다. 나도 어릴 때 조그만 글자가 적힌 종이가 달린 긴 대나무를 들고 상여 행렬을 따라 다닌 기억이 난다.

그런데 어른들이 들이나 논에서 돌아가시게 되면 그 주검을 방으로 들이지 못했다. 평소 살던 집이 아닌 다른 곳에서의 죽음은 객사라 하여 상서롭지 못하게 여겼다.

그런데 요즘 사람들은 대부분 내가 살던 집이 아니라 병원에서 죽음을 맞는다. 강제로 객사를 당하는 셈이다. 통계청 자료에 따르면 2016년 한 해, 우리나라 총 사망자 28만 명 중 75%인 21만 명이 병원에서 사망했다고 한다. 2017년에는 76.2%가 병원에서 사망했다.

이런 실상과 달리 노인들의 대부분은 집에서 임종을 맞고 싶어 한다고 한다. 사람들은 최후의 순간에 집에서 가족들이 지켜보는 가운데 조용하게 죽음을 맞이하고 싶어 하는 것이다.

하지만 현실은 그렇지 못하다. 또 병원에서 사망하는 사람들 중 상당수는 의학적으로 소생할 가능성이 매우 낮은 상황에서도 생명 연장을 위한 의미 없는 시술과 처치를 받으며 과다한 의료비를 지출하고 시간을 보낸다.

어떠한 죽음을 맞을 것인가?

우리 같은 영세 자영업자들은 나의 죽음을 지금부터 준비해야 한다.

데스 클리닝

사람은 자신의 죽음을 미리 준비하는 존재다. 죽음은 느닷없이 오지만 우연한 사고가 아니라면 어느 정도 나이가 되었을 때 누구나 짐작할 수 있는 것이 죽음이다. 이미 50대 접어든 우리도 한 번쯤 우리의 죽음에 대해 생각해봐야 할 때가 되었다.

올 봄에 어머니께서 소천하시고 아직 처리하지 못한 일이 있다.

고향마을에는 어머니께서 살던 집이 있다. 내가 태어나고 자란 시골집이다. 나는 이곳에서 학교를 졸업하고 사회인이 되는 날까지 살았다. 대문 옆에는 내가 군에서 제대할 무렵에 선친께서 지어주신 공부방이 있다. 군 제대 선물로 공부방을 받은 사람은 아마도 내가 유일할 것이다.

따로 형제가 없는 나는 내가 사회생활을 하는 중에도 방을 정리할 필요를 느끼지 못했다. 결혼을 하고 도회지에서 직장생활을 하는 동안에도 고향집 공부방은 그대로 두었다. 호치키스, 지우개, 30cm 자, 샤프, 쓰지 않은 편지지, A4 복사지, 군번줄 등이 쓰던 그대로 서랍에 들어 있다.

시골집 나의 공부방은 주인이 서른 살 이후 20년 이상을 한 번도 찾아주지 않은 채 그 모습 그대로 주저앉아 있다.

이제는 시골집에 남아 있는 나의 물건들과 함께 어머님의 유품을 정리할 일이 남아 있다. 데스 클리닝의 시간이다.

마르가레타 망누손(Margareta Magnusson)은 스웨덴의 디자이너이자 작가이다. 그는 『내가 내일 죽는다면』에서 스웨덴에는 '데스 클리닝(Death Cleaning)'이라는 문화가 있다고 소개한다. 스웨덴어로는 '데스테드닝(Dostädning)'이라고 하는데 '데(Do)'는 '죽음'이고 '스테드닝(städning)'은 '청소'를 뜻한다.

망누손 여사는 친어머니가 돌아가셨을 때 가족들과 집을 정리하던 중에 작은 쪽지를 발견했다. 남은 물건들을 어떻게 처리해야 할지 어머니가 직접 메모를 남긴 것이다. 기부 단체에 보내야 할 것들, 돌려주어야 할 책들…. 오래된 승마복은 박물관에 기증하라고 적혀 있었는데 담당자의 연락처까지 첨부되어 있었다.

망누손 여사가 어머니의 유품을 정리하면서 느낀 일들을 책으로 소개하면서 데스클리닝이 세계적인 반향을 일으키게 되었다.

죽음은 누구에게나 찾아온다. 삼천갑자 동방삭도 자신을 잡으러 온 저승사자를 피해 도망 다니다가 숯을 씻어서 희게 만들려 한다는 저승사자의 말을 듣고서는 내가 삼천갑자를 살아도 숯을 희게 만든다는 소리는 처음 들어본다고 큰소리를 침으로써 신분이 발각되어 그만 저승사자에게 잡히는 신세가 되고 말았다. 동방삭도 피해갈 수 없는 것이 죽음이다.

데스 클리닝은 살아 있을 때 죽음을 준비하며 필요 없는 물건들을 정리하고 자신의 소유물을 줄여 나가는 것이다. 내가 건강할 때 내가 직접 조금씩 해두는 것이다.

데스 클리닝은 단순히 가진 것을 버리거나 남에게 주어버리거나 하는 일이 아니다. 데스 클리닝은 지나간 세월 속에 감춰져 있던 행복을 추억하고 앞으로 남은 삶을 바로 세우는 행위이다.

스웨덴에서는 50대부터 시작한다고 한다. 허겁지겁 살아오는 사이 우리 나이도 50이 넘었다. 벌써가 아니라 '이미'라고 할 수 있다.

이제 주위를 둘러보기 시작해야 한다. 데스 클리닝은 지금의 나를 버리는 것이 아니다. 주변을 정리정돈 하면서 스스로 행복해지는 것이다.

이제 우리 차례다. 죽음에 대해 생각하자.

어디서 어떠한 모습으로 죽음을 맞을 것인가?
- 99881234 가능할까?

일본은 우리나라보다 먼저 고령사회에 접어들었다. 일본에서는 장례를 따로 치르지 않고 바로 화장하는 문화가 생기고 있다고 한다. 시신을 수습하는 정도라 할 만하다. 유골을 상주들에게 전하지 않는 곳도 있다고 한다. 우리나라도 곧 그런 문화가 생길 것이다.

우리 같은 자영업자에게 죽음을 준비하는 문제는 노후 생활비 문제와 더불어 준비되어 있지 않은 가장 큰 난제중의 난제다. 좀 무거운 이야기지만 나는 가끔 아이들에게 이야기한다.

– 아빠의 훗날은 아무 흔적을 남기지 말거라. 장례는 너희들이 치르기 편안한 곳에서 가장 단순한 의례를 거쳐 치르도록 하거라. 남은 유골은 어떠한 곳이라도 좋으니 너희들이 접근하기 쉬운 가장 편안한 곳에서 처리해다오.

유별난 것 같으나 세상일은 아무도 알 수 없다. 미리 이야기해두어야 아빠의 소신을 짐작해서 일을 처리할 수 있지 않겠는가. 연명치료에 대한 의사도 분명히 미리미리 이야기해두었다.

99 88 1234를 아시는가?

99세까지 88하게 살다가 하루 이틀 앓고 3일째 되는 날 자는 듯이 편하게 갔으면 좋겠다는 뜻이다. 우리나라 노인 누구나가 꿈꾼다는 편안한 죽음이다. 이것이 신선 같은 죽음이라는 것이다. 그런데 교통사고 같은 사고사가 아니라면 2~3일 앓다가 임종에 드는 이런 편안한 죽음이 있을까?

유튜브 〈한국시니어TV〉의 '죽음, 삶에 답하다' 3회에서 장경희 건양대학교 웰다잉 융합대학원 연구원은 죽음의 단계에 든 환자들이 겪는 실상에 대해 설명한다.

구급차가 온다. 응급실에 실려 간다. 응급 심폐소생술, 인공호흡, 다시 회복된다. 이어서 중환자실에서의 연명치료, 인공호흡, 기도에 호스를 꽂는다. 이때 환자는 너무 고통스럽다. 의식이 조금이라도 있으면 호흡기를 뽑으려고 한다. 그래서 손을 묶어놓는 경우도 있다. 중환자실은 정해진 시간 외에는 면회도 자유롭지 못하다.

임종은 갑자기 온다. 결정적인 임종의 순간에 가족들과 함께 있지 못하고 각종 기계들 속에서 홀로 임종을 맞는다.

어떠한가? 존엄한 죽음이라 할 수 없다. 우리에게도 곧 그러한 순간이 온다. 이제 우리는 자신의 죽음도 상상해볼 수가 있는 나이가 되었다.

여러분들은 어떠한 임종을 맞이하고 싶은가. 환자들을 많이 진료해 본 경험이 많은 의사들은 임종의 순간이 가까워졌다는 것을 안다고 한다. 그럼에도 임종 2~3개월 전까지 의료비가 계속 증가한다. 이것은 무얼 말하는가. 부질없는 연명의료가 계속된다는 뜻이다. 현재 우리나라의 개인별 생애 전체 의료비는 약 8천만 원에서 1억 원 가량이라고 한다. 이중 절반 이상인 52.4%를 65세 이상 노년기에 지출하게 된다고 한다.

최근 연명의료 결정제도에 대한 사회적 관심이 높다. 연명치료에 대한 인식도 크게 바뀌고 있다. 여기에는 두 개의 중요한 사례가 있었다. 1997년 보라매 병원 사례와 2008년 세브란스 병원 김 할머니 사례이다.

보라매병원 사례는 1997년 머리를 다쳐 입원한 남성을 퇴원시킨 일이다. 환자의 부인이 퇴원을 요구한 것이다. 부인의 입장을 헤아린 병원 측은 부인의 요구대로 퇴원을 결정했다. 피해자의 자택에서 인공호흡을 중단하고 환자를 인계했다. 피해자는 곧 사망하였다.

다른 가족이 병원을 고소했다. 소송이 벌어졌다. 대법원은 환자를 퇴원시킨 담당 의사를 살인방조죄로 처벌하였다.

이 판결 이후 의사들은 크게 위축될 수밖에 없었다. 방어적인 태도를 취하게 된 것이다. 말기 질환으로 다시 회복될 가능성이 전혀 없는 환자의 퇴원 요구도 거절하게 되었다.

2008년 반전이 일어난다. 세브란스병원에서 김 할머니는 폐암 조직검사를 받다가 과다출혈로 식물인간이 되었다. 자녀들은 김 할머니의 연명치료 중단을 요구하였고, 병원 측은 이를 거부하였다.

소송이 벌어졌다. 대법원은 존엄사를 요구하는 가족들의 손을 들어 주었다. 김 할머니는 집으로 돌아와 약 8개월간 더 계시다가 2010년 사망했다.

김 할머니 대법원 판례는 사실상 존엄사를 인정한 첫 판례라는 의의를 가지고 있다.

회복 불가능한 사망의 단계에 이른 환자가 인간으로서의 존엄과 가치 및 행복추구권에 기초하여 자기결정권을 행사하는 것으로 인정되는 경우에는 연명치료 중단을 허용할 수 있다.

(2009년 5월 21일 대법원 판결)

김 할머니 사례 이후 대한민국 사회는 연명치료에 대해 전향적인 논의를 하게 되었다. 우여곡절 끝에 2016년 제정된 연명의료 결정법은 '임종 과정에 있는 환자'에 대하여 연명의료를 중단할지를 환자 스스로 결정할 수 있도록 했다. 환자의 결정은 법적으로 보호받는다. 환자의 자기결정권이 존중받게 된 것이다.

우리는 열악한 환경의 자영업자들이다. 현역에 있는 동안에도 하루 벌어서 하루 먹고사는 불안한 인생들이었다. 대부분 은퇴 이후 살아갈 방도를 마련해 놓지 못하고 있고 국가의 복지체계에서도 벗어나 있다. 젊어서는 자녀부양에 청춘을 바쳤고, 나이 들어서는 부모봉양에 자신이 늙어가는 줄도 몰랐다.

20년 이상을 쌀장사로 살아오는 동안 많은 자영업자들을 만났다. 그러나 죽음에 대비하고 있는 자영업자를 별로 만나보지 못했다. 이제 나 자신의 죽음에 대해 성찰해야 한다.

우리는 죽음에 대해 공부한 전문가는 아니다. 죽음에 대한 의학적 소견은 알 수가 없다. 그러나 우리는 살아오는 동안 많은 죽음을 경험했다. 할머니, 할아버지일 수도 있고, 아버지나 어머니, 안타깝게도 남편이나 아내, 아들딸일 수도 있다.

죽음은 평등하다. 죽음은 누구에게나 온다. 죽음은 언제 어디서 어떤 모습으로 나타날지 알 수가 없다. 죽음은 두렵지만 죽음의 편에서 죽음을 생각하고 죽음의 입장에서 삶을 바라보는 연습을 해야 한다. 죽음의 편에서 삶을 바라보면 삶이 더욱 풍요로워지고 더욱 소중해진다.

나는 나와 같은 자영업자들에게 강조한다. 우리는 우리 자신의 죽음에 대해서 생각해야 한다. 어떠한 마음으로 죽음에 임할 것인지 고민을 해야 한다.

『성지에서 쓴 편지』에서 호진스님이 던지는 질문은 우리들을 숙연하게 한다.

"우리가 살아 있는 동안에는 삶이 중요하고 복잡한 무엇처럼 생각되지만 죽음 앞에 설 때는 얼마나 무의미하고 단순한 것인지…. 죽어가는 사람이 산 사람에게 남길 수 있는 것 가운데 가장 바람직한 것은 무엇인가."

이제 우리는 죽음을 준비해야 한다.

에필로그

끝날 때까지 끝난 것이 아니야!

책을 쓰면서 지나간 일기장을 계속 들춰보게 되었습니다.

2018년 7월 3일 저녁 9시경에 태풍 쁘라삐룬이 부산을 지나간다는 내용이 있습니다. 태풍으로 배송이 지연될 수 있기 때문에 재고를 넉넉히 두시라는 문자를 보냈다고 적어놓고 있습니다.

저 같은 쌀장사에게 태풍은 걱정거리가 아닐 수 없습니다. 비바람에 배달이 힘들기도 하겠지만 태풍 자체가 직접적인 재난이 될 수도 있고 사고로 연결될 수도 있기 때문이지요.

일기에는 긴장한 마음으로 트럭을 몰던 날 아침에 CBS 〈김현정의 뉴스쇼〉에서 "끝날 때까지 끝난 것이 아니다."라는 멘트가 나왔다고 적혀 있었습니다.

"끝날 때까지 끝난 것이 아니다."는 말은 로렌스 피터 요기 베라(Lawrence Peter "Yogi" Berra)가 남긴 명언입니다. 요기 베라는 미국 야구 명예의 전당에 헌액되어 있으면서 그의 등번호 8번은 뉴욕 양키즈 구단의 영구 결번으로 지정되어 지금까지 존경받고 있습니다.

　1973년 시즌 중반, 요기 베라는 뉴욕 메츠 구단 감독으로 있었습니다. 그해 뉴욕 메츠는 시즌 꼴찌를 달리고 있었지요. 한 기자가 요기 베라에게 물었습니다.
　– 올해 시즌은 끝난 건가요?

　요기베라는 다음과 같이 말했습니다.
　– 끝날 때까지 끝난 것이 아니다.

　일기장 속 나는 다음과 같은 넋두리를 하고 있습니다.
　"인생살이에 대해 생각해 본다. '내가 살아온 길' 이나 '내 처지', '자화상' 이런 말들이 생각난다."
　태풍 예보를 받은 날, 비바람을 뚫고 트럭을 몰고 쌀포대를 날라야 하는 쌀장사의 마음이 무척 심란했던가 봅니다.

　에필로그를 쓰고 있는 지금은 2022년 9월입니다.
　부산시 해운대 인문학 도서관에서 『윤동주 평전』(송우혜, 푸른역사)을 빌려 읽은 적 있습니다. 윤동주의 시, 「길」입니다.

길

— 윤동주(연희전문학교 3학년 재학 시절, 1941년 9월)

잃어버렸습니다.

무얼 어디다 잃었는지 몰라

두 손이 주머니를 더듬어

길에 나아갑니다.

돌과 돌과 돌이 끝없이 연달아

길은 돌담을 끼고 갑니다.

담은 쇠문을 굳게 닫아

길 위에 긴 그림자를 드리우고

길은 아침에서 저녁으로

저녁에서 아침으로 통했습니다.

돌담을 더듬어 눈물짓다

쳐다보면 하늘은 부끄럽게 푸릅니다.

풀 한 포기 없는 이 길을 걷는 것은

담 저쪽에 내가 남아 있는 까닭이고,

내가 사는 것은, 다만,

잃은 것을 찾는 까닭입니다.

여기서는 잃어버린 무엇인가를 찾아가는 시인의 갈등이 보이고 참된
목표를 달성하겠다는 결연한 결기가 느껴집니다.

신경림 시인의 『신경림의 시인을 찾아서』에서 소개한 윤동주의 다른
시, 「새로운 길」을 소개합니다.

새로운 길

— 윤동주(1938년 5월 탈고. 유고집 『하늘과 바람과 별과 시』에 수록)

내를 건너서 숲으로

고개를 넘어서 마을로

어제도 가고 오늘도 갈

나의 길 새로운 길

민들레가 피고 까치가 날고

아가씨가 지나고 바람이 일고

나의 길은 언제나 새로운 길

오늘도… 내일도…

내를 건너서 숲으로

고개를 넘어서 마을로

윤동주 시인은 일제 치하의 암울한 식민지 시대를 살았습니다. 시인은 단 한 줄기 희망조차 없었던 시절에도 민들레가 피고, 까치가 날고, 아가씨가 지나가는 길에서 새로운 내일을 찾아 번뇌합니다.

신경림 시인은 윤동주의 「새로운 길」을 읽고 비로소 힘을 얻어서 전쟁통에 죽지 않고 살아남았던 동무들을 찾아가기도 하고, 신작로와 논둑길을 걸을 수도 있었다고 합니다.

저 역시 윤동주의 시에서 다시 살아가야 할 새로운 힘을 얻습니다. 자영업자의 길은 참으로 험난합니다. 옳은 길을 알려주지도 않습니다. 사실 정해진 옳은 길도 없습니다. 그래도 우리는 어제 같기도 하고 오늘 같기도 한 언제나 비슷비슷한 길을 지나오면서도 새로운 마음으로 다시 살겠다는 결심을 합니다.

어쩌다 한 번씩은 도저히 살아갈 수 없을 것 같은 큰 절망감을 느끼다가도 나와 같이 힘들게 살아가는 이웃들의 모습에서 힘을 얻습니다. 새벽녘 출근길에 도로 위를 밝히며 줄지어 달리고 있는 트럭들의 모습에서, 어둠을 뚫고 트럭을 몰고 있는 운전수의 실루엣에서, '아, 저 사람도 나처럼 새벽부터 나와서 일을 하는구나!' 하고 힘을 얻습니다. 그들의 밝은 내일을 읽습니다.

윤동주의 자화상을 읽고 나는 나의 또 다른 자화상을, 여러분은 여러분 각자의 자화상을 생각하면 됩니다. 여러분들의 자화상은 무슨 색깔입니까?

자화상(自畵像)

― 윤동주(1938년 9월 탈고. 유고집 『하늘과 바람과 별과 시』에 수록)

산모퉁이를 돌아 논가 외딴 우물을 홀로 찾아가선
가만히 들여다 봅니다.
우물 속에는 달이 밝고 구름이 흐르고 하늘이 펼치고
파아란 바람이 불고 가을이 있습니다.

그리고 한 사나이가 있습니다.
어쩐지 그 사나이가 미워져 돌아갑니다.

돌아가다 생각하니 그 사나이가 가엾어집니다.
도로 가 들여다 보니 사나이는 그대로 있습니다.

다시 그 사나이가 미워져 돌아갑니다.
돌아가다 생각하니 그 사나이가 그리워집니다.

우물 속에는 달이 밝고 구름이 흐르고 하늘이 펼치고
파아란 바람이 불고 가을이 있고
추억(追憶)처럼 사나이가 있습니다.

우리 시골집 마당에는 우물이 있습니다. 어릴 때 친구들하고 우물을 들여다보며 논 적이 있습니다. 둘러선 친구들의 얼굴이 동그랗게 원을 그리고 있었습니다. 친구들은 어느덧 중년이 되었습니다. 지금 우물을 들여다보면 어떤 얼굴일지 모르겠습니다.

윤동주 시인의 '우물 속의 사나이'가 마치 저를 두고 쓴 시처럼 느껴질 때가 있습니다. 저도 윤동주 시인처럼 제 자신이 미워졌다가, 가여워졌다가 또 그리워집니다. 내 얼굴 옆에 같이 우물을 들여다보고 있는 윤동주 시인의 얼굴이 있을 것만 같습니다. 잘 살아왔다고 머리를 쓰다듬어 줄 것 같기도 합니다.

생전에 어머니께서는 외동으로 고이 키운 아들이 장사꾼이 된 것을 안타깝게 생각하셨습니다. 장사꾼 돈은 개도 안 물어간다는데…. 천대받는 장사꾼이 된 아들이 안쓰러우셨던 것이지요.

나는 21년차 쌀장사입니다. 인생은 느닷없고 황당했습니다. 그동안 '외롭고 쓸쓸한' 장사꾼으로 살아왔습니다. 쉰을 넘기고서야 쌀장사가 천직임을 깨달았습니다. 비로소 '높은' 존재가 된 것입니다.

다음은 어릴 때 친구가 쓴 자작시입니다.

콩깍지

그리움은 목메여 지쳐가다
먼 곳에서나마 그리운 이가 있어
소망은 그 어느 곳에서나 있음을 안다.
하나뿐인 그대이기에
어둠이 찾아오면
비를 맞는 천사처럼
끝을 향하고 있는 모든 이들에게
빛나는 생명수를 던져준다.

언제나 사랑을 나누어가지는
그대와 나는
영원히 같이 살아야 하는
콩깍지 속의 콩알이다.

그렇습니다. 우리는 콩깍지 속의 콩알처럼 서로 부대끼며 살아가야 합니다. 그래야 외롭고 쓸쓸하기만 한 존재가 아닌 높은 존재로 살아갈 수 있습니다. 이제 일하러 가야겠습니다. 끝날 때까지 끝난 것이 아니거든요.

"이 책을 나의 아들 하대에게 바친다."

since 2001, 행복한쌀창고

부산에서 하재윤 배상

■ 참고 문헌

『1등 기업의 법칙』, 프레드 라이켈트, 청림출판

『감옥으로 부터의 사색』, 신영복, 돌베개

『경영 바이블』, 피터 드러커, 청림출판

『경영자의 착각』, 이광현, 십일월기획출판

『끝없는 도전과 용기』, 잭 웰치 지음, 청림출판

『내 인생의 주인공으로 산다는 것』, 원은정, 착한책가게

『내가 내일 죽는다면』, 마르가레타 망누손, 시공사

『달라이 라마의 행복론』, 하워드 커틀러, 달라이 라마, 김영사

『담론』, 신영복, 돌베개

『멈추면, 비로소 보이는 것들』, 혜민, 수오서재

『멘탈의 연금술』, 보도 섀퍼, 토네이도

『모두를 위한 사회과학』, 김윤태, 휴머니스트

『문학의 숲을 거닐다』, 장영희, 샘터

『미움 받을 용기』, 기시미 이치로, 고가 후미타케, 인플루엔셜

『반 고흐, 영혼의 편지』, 반 고흐 지음, 신성림 엮음, 예담

『백석 평전』, 안도현, 다산책방

『사장님, 당신이 문제였어』, 브라이언 L 조이너, 지식공작소

『사장으로 산다는 것』, 서광원, 흐름출판

『생각에 관한 생각』, 대니얼 카너먼, 김영사

『성지에서 쓴 편지』, 호진, 지안, 불광출판사

『신경림의 시인을 찾아서』, 신경림, 우리교육

『아름다운 마무리』, 법정, 문학의숲

『열하일기』, 박지원, 김혈조 옮김, 돌베개

『오늘은 다르게』, 박노해, 해냄

『왜 나는 법을 공부하는가』, 조국, 다산북스

『우리는 사소한 것에 목숨을 건다』, 리처드 칼슨, 창작시대

『월든』, 헨리 데이빗 소로우, 은행나무

『윤동주 평전』, 송우혜, 서정시학

『자라지 않는 아이』, 펄벅, 양철북

『정상에서 만납시다』, 지그 지글러, 산수야

『죽음을 배우는 시간』, 김현아, 창비

『퇴계와 고봉, 편지를 쓰다』, 김영두, 소나무

『하늘과 바람과 별과 시』, 윤동주, 한국학자료원

『행복의 정복』, 버트런드 러셀, 사회평론